Mein Dienstplan(er)

Persönliche Daten

Name :

Adresse :

Telefonnummer :

Firma :

Abteilung :

Personalnummer :

Kontakte

Name	Adresse / Telefonnummer

Kontakte

Name	Adresse / Telefonnummer

Wichtige Termine

Monat:

Datum: | Termin:

Meine Woche

Montag: Arbeitszeit: von ___ bis ___

- Frühschicht ☐
- Spätschicht ☐
- Teilschicht ☐
- Nachtschicht ☐
- Urlaub ☐
- Krank ☐

Stunden ☐
Überstunden ☐

Dienstag: Arbeitszeit: von ___ bis ___

- Frühschicht ☐
- Spätschicht ☐
- Teilschicht ☐
- Nachtschicht ☐
- Urlaub ☐
- Krank ☐

Stunden ☐
Überstunden ☐

Mittwoch: Arbeitszeit: von ___ bis ___

- Frühschicht ☐
- Spätschicht ☐
- Teilschicht ☐
- Nachtschicht ☐
- Urlaub ☐
- Krank ☐

Stunden ☐
Überstunden ☐

Donnerstag: Arbeitszeit: von ___ bis ___

- Frühschicht ☐
- Spätschicht ☐
- Teilschicht ☐
- Nachtschicht ☐
- Urlaub ☐
- Krank ☐

Stunden ☐
Überstunden ☐

Freitag: Arbeitszeit: von ___ bis ___

- Frühschicht ☐
- Spätschicht ☐
- Teilschicht ☐
- Nachtschicht ☐
- Urlaub ☐
- Krank ☐

Stunden ☐
Überstunden ☐

Samstag: Arbeitszeit: von ___ bis ___

- Frühschicht ☐
- Spätschicht ☐
- Teilschicht ☐
- Nachtschicht ☐
- Urlaub ☐
- Krank ☐

Stunden ☐
Überstunden ☐

Sonntag: Arbeitszeit: von ___ bis ___

- Frühschicht ☐
- Spätschicht ☐
- Teilschicht ☐
- Nachtschicht ☐
- Urlaub ☐
- Krank ☐

Stunden ☐
Überstunden ☐

Gesamtstunden ☐

Meine Woche

Montag: Arbeitszeit: von ___ bis ___
- Frühschicht ☐
- Spätschicht ☐
- Teilschicht ☐
- Nachtschicht ☐
- Urlaub ☐
- Krank ☐

Stunden ☐
Überstunden ☐

Dienstag: Arbeitszeit: von ___ bis ___
- Frühschicht ☐
- Spätschicht ☐
- Teilschicht ☐
- Nachtschicht ☐
- Urlaub ☐
- Krank ☐

Stunden ☐
Überstunden ☐

Mittwoch: Arbeitszeit: von ___ bis ___
- Frühschicht ☐
- Spätschicht ☐
- Teilschicht ☐
- Nachtschicht ☐
- Urlaub ☐
- Krank ☐

Stunden ☐
Überstunden ☐

Donnerstag: Arbeitszeit: von ___ bis ___
- Frühschicht ☐
- Spätschicht ☐
- Teilschicht ☐
- Nachtschicht ☐
- Urlaub ☐
- Krank ☐

Stunden ☐
Überstunden ☐

Freitag: Arbeitszeit: von ____ bis ____

- Frühschicht ☐
- Spätschicht ☐
- Teilschicht ☐
- Nachtschicht ☐
- Urlaub ☐
- Krank ☐

Stunden ☐
Überstunden ☐

Samstag: Arbeitszeit: von ____ bis ____

- Frühschicht ☐
- Spätschicht ☐
- Teilschicht ☐
- Nachtschicht ☐
- Urlaub ☐
- Krank ☐

Stunden ☐
Überstunden ☐

Sonntag: Arbeitszeit: von ____ bis ____

- Frühschicht ☐
- Spätschicht ☐
- Teilschicht ☐
- Nachtschicht ☐
- Urlaub ☐
- Krank ☐

Stunden ☐
Überstunden ☐

Gesamtstunden ☐

Meine Woche

Montag: Arbeitszeit: von ____ bis ____

- Frühschicht ☐
- Spätschicht ☐
- Teilschicht ☐
- Nachtschicht ☐
- Urlaub ☐
- Krank ☐

Stunden ☐
Überstunden ☐

Dienstag: Arbeitszeit: von ____ bis ____

- Frühschicht ☐
- Spätschicht ☐
- Teilschicht ☐
- Nachtschicht ☐
- Urlaub ☐
- Krank ☐

Stunden ☐
Überstunden ☐

Mittwoch: Arbeitszeit: von ____ bis ____

- Frühschicht ☐
- Spätschicht ☐
- Teilschicht ☐
- Nachtschicht ☐
- Urlaub ☐
- Krank ☐

Stunden ☐
Überstunden ☐

Donnerstag: Arbeitszeit: von ____ bis ____

- Frühschicht ☐
- Spätschicht ☐
- Teilschicht ☐
- Nachtschicht ☐
- Urlaub ☐
- Krank ☐

Stunden ☐
Überstunden ☐

Freitag:	Arbeitszeit: von	bis
Frühschicht ☐	Spätschicht ☐	Stunden ☐
Teilschicht ☐	Nachtschicht ☐	Überstunden ☐
Urlaub ☐	Krank ☐	

Samstag:	Arbeitszeit: von	bis
Frühschicht ☐	Spätschicht ☐	Stunden ☐
Teilschicht ☐	Nachtschicht ☐	Überstunden ☐
Urlaub ☐	Krank ☐	

Sonntag:	Arbeitszeit: von	bis
Frühschicht ☐	Spätschicht ☐	Stunden ☐
Teilschicht ☐	Nachtschicht ☐	Überstunden ☐
Urlaub ☐	Krank ☐	

Gesamtstunden ☐

Meine Woche

Montag: Arbeitszeit: von ___ bis ___
- Frühschicht ☐
- Spätschicht ☐
- Teilschicht ☐
- Nachtschicht ☐
- Urlaub ☐
- Krank ☐

Stunden ☐
Überstunden ☐

Dienstag: Arbeitszeit: von ___ bis ___
- Frühschicht ☐
- Spätschicht ☐
- Teilschicht ☐
- Nachtschicht ☐
- Urlaub ☐
- Krank ☐

Stunden ☐
Überstunden ☐

Mittwoch: Arbeitszeit: von ___ bis ___
- Frühschicht ☐
- Spätschicht ☐
- Teilschicht ☐
- Nachtschicht ☐
- Urlaub ☐
- Krank ☐

Stunden ☐
Überstunden ☐

Donnerstag: Arbeitszeit: von ___ bis ___
- Frühschicht ☐
- Spätschicht ☐
- Teilschicht ☐
- Nachtschicht ☐
- Urlaub ☐
- Krank ☐

Stunden ☐
Überstunden ☐

Freitag:	Arbeitszeit: von	bis
Frühschicht ☐ Spätschicht ☐		Stunden ☐
Teilschicht ☐ Nachtschicht ☐		Überstunden ☐
Urlaub ☐ Krank ☐		

Samstag:	Arbeitszeit: von	bis
Frühschicht ☐ Spätschicht ☐		Stunden ☐
Teilschicht ☐ Nachtschicht ☐		Überstunden ☐
Urlaub ☐ Krank ☐		

Sonntag:	Arbeitszeit: von	bis
Frühschicht ☐ Spätschicht ☐		Stunden ☐
Teilschicht ☐ Nachtschicht ☐		Überstunden ☐
Urlaub ☐ Krank ☐		

Gesamtstunden ☐

Meine Woche

Montag: Arbeitszeit: von ___ bis ___

- Frühschicht ☐
- Spätschicht ☐
- Teilschicht ☐
- Nachtschicht ☐
- Urlaub ☐
- Krank ☐

Stunden ☐
Überstunden ☐

Dienstag: Arbeitszeit: von ___ bis ___

- Frühschicht ☐
- Spätschicht ☐
- Teilschicht ☐
- Nachtschicht ☐
- Urlaub ☐
- Krank ☐

Stunden ☐
Überstunden ☐

Mittwoch: Arbeitszeit: von ___ bis ___

- Frühschicht ☐
- Spätschicht ☐
- Teilschicht ☐
- Nachtschicht ☐
- Urlaub ☐
- Krank ☐

Stunden ☐
Überstunden ☐

Donnerstag: Arbeitszeit: von ___ bis ___

- Frühschicht ☐
- Spätschicht ☐
- Teilschicht ☐
- Nachtschicht ☐
- Urlaub ☐
- Krank ☐

Stunden ☐
Überstunden ☐

Freitag:	Arbeitszeit: von	bis
Frühschicht ☐ Spätschicht ☐		Stunden ☐
Teilschicht ☐ Nachtschicht ☐		Überstunden ☐
Urlaub ☐ Krank ☐		

Samstag:	Arbeitszeit: von	bis
Frühschicht ☐ Spätschicht ☐		Stunden ☐
Teilschicht ☐ Nachtschicht ☐		Überstunden ☐
Urlaub ☐ Krank ☐		

Sonntag:	Arbeitszeit: von	bis
Frühschicht ☐ Spätschicht ☐		Stunden ☐
Teilschicht ☐ Nachtschicht ☐		Überstunden ☐
Urlaub ☐ Krank ☐		

Gesamtstunden ☐

Monatsüberblick

Gesamtstunden	
Überstunden	
Arbeitstage gesamt	
Freie Tage	
Krank Tage	
Urlaubstage	

Wichtige Termine

Monat: _____

Datum: | Termin:

Meine Woche

Montag: Arbeitszeit: von ___ bis ___

- Frühschicht ☐
- Spätschicht ☐
- Teilschicht ☐
- Nachtschicht ☐
- Urlaub ☐
- Krank ☐

Stunden ☐
Überstunden ☐

Dienstag: Arbeitszeit: von ___ bis ___

- Frühschicht ☐
- Spätschicht ☐
- Teilschicht ☐
- Nachtschicht ☐
- Urlaub ☐
- Krank ☐

Stunden ☐
Überstunden ☐

Mittwoch: Arbeitszeit: von ___ bis ___

- Frühschicht ☐
- Spätschicht ☐
- Teilschicht ☐
- Nachtschicht ☐
- Urlaub ☐
- Krank ☐

Stunden ☐
Überstunden ☐

Donnerstag: Arbeitszeit: von ___ bis ___

- Frühschicht ☐
- Spätschicht ☐
- Teilschicht ☐
- Nachtschicht ☐
- Urlaub ☐
- Krank ☐

Stunden ☐
Überstunden ☐

Freitag:	Arbeitszeit: von	bis
Frühschicht ☐ Spätschicht ☐		Stunden ☐
Teilschicht ☐ Nachtschicht ☐		Überstunden ☐
Urlaub ☐ Krank ☐		

Samstag:	Arbeitszeit: von	bis
Frühschicht ☐ Spätschicht ☐		Stunden ☐
Teilschicht ☐ Nachtschicht ☐		Überstunden ☐
Urlaub ☐ Krank ☐		

Sonntag:	Arbeitszeit: von	bis
Frühschicht ☐ Spätschicht ☐		Stunden ☐
Teilschicht ☐ Nachtschicht ☐		Überstunden ☐
Urlaub ☐ Krank ☐		

Gesamtstunden ☐

Meine Woche

Montag: Arbeitszeit: von ____ bis ____

- Frühschicht ☐
- Spätschicht ☐
- Teilschicht ☐
- Nachtschicht ☐
- Urlaub ☐
- Krank ☐

Stunden ☐
Überstunden ☐

Dienstag: Arbeitszeit: von ____ bis ____

- Frühschicht ☐
- Spätschicht ☐
- Teilschicht ☐
- Nachtschicht ☐
- Urlaub ☐
- Krank ☐

Stunden ☐
Überstunden ☐

Mittwoch: Arbeitszeit: von ____ bis ____

- Frühschicht ☐
- Spätschicht ☐
- Teilschicht ☐
- Nachtschicht ☐
- Urlaub ☐
- Krank ☐

Stunden ☐
Überstunden ☐

Donnerstag: Arbeitszeit: von ____ bis ____

- Frühschicht ☐
- Spätschicht ☐
- Teilschicht ☐
- Nachtschicht ☐
- Urlaub ☐
- Krank ☐

Stunden ☐
Überstunden ☐

Freitag:	Arbeitszeit: von ___ bis ___
Frühschicht ☐ Spätschicht ☐	Stunden ☐
Teilschicht ☐ Nachtschicht ☐	Überstunden ☐
Urlaub ☐ Krank ☐	

Samstag:	Arbeitszeit: von ___ bis ___
Frühschicht ☐ Spätschicht ☐	Stunden ☐
Teilschicht ☐ Nachtschicht ☐	Überstunden ☐
Urlaub ☐ Krank ☐	

Sonntag:	Arbeitszeit: von ___ bis ___
Frühschicht ☐ Spätschicht ☐	Stunden ☐
Teilschicht ☐ Nachtschicht ☐	Überstunden ☐
Urlaub ☐ Krank ☐	

Gesamtstunden ☐

Meine Woche

Montag: Arbeitszeit: von ___ bis ___

- Frühschicht ☐
- Spätschicht ☐
- Teilschicht ☐
- Nachtschicht ☐
- Urlaub ☐
- Krank ☐

Stunden ☐
Überstunden ☐

Dienstag: Arbeitszeit: von ___ bis ___

- Frühschicht ☐
- Spätschicht ☐
- Teilschicht ☐
- Nachtschicht ☐
- Urlaub ☐
- Krank ☐

Stunden ☐
Überstunden ☐

Mittwoch: Arbeitszeit: von ___ bis ___

- Frühschicht ☐
- Spätschicht ☐
- Teilschicht ☐
- Nachtschicht ☐
- Urlaub ☐
- Krank ☐

Stunden ☐
Überstunden ☐

Donnerstag: Arbeitszeit: von ___ bis ___

- Frühschicht ☐
- Spätschicht ☐
- Teilschicht ☐
- Nachtschicht ☐
- Urlaub ☐
- Krank ☐

Stunden ☐
Überstunden ☐

Freitag:	Arbeitszeit: von	bis
Frühschicht ☐ Spätschicht ☐		Stunden ☐
Teilschicht ☐ Nachtschicht ☐		Überstunden ☐
Urlaub ☐ Krank ☐		

Samstag:	Arbeitszeit: von	bis
Frühschicht ☐ Spätschicht ☐		Stunden ☐
Teilschicht ☐ Nachtschicht ☐		Überstunden ☐
Urlaub ☐ Krank ☐		

Sonntag:	Arbeitszeit: von	bis
Frühschicht ☐ Spätschicht ☐		Stunden ☐
Teilschicht ☐ Nachtschicht ☐		Überstunden ☐
Urlaub ☐ Krank ☐		

Gesamtstunden ☐

Meine Woche

Montag: Arbeitszeit: von ___ bis ___

- Frühschicht ☐
- Spätschicht ☐
- Teilschicht ☐
- Nachtschicht ☐
- Urlaub ☐
- Krank ☐

Stunden ☐
Überstunden ☐

Dienstag: Arbeitszeit: von ___ bis ___

- Frühschicht ☐
- Spätschicht ☐
- Teilschicht ☐
- Nachtschicht ☐
- Urlaub ☐
- Krank ☐

Stunden ☐
Überstunden ☐

Mittwoch: Arbeitszeit: von ___ bis ___

- Frühschicht ☐
- Spätschicht ☐
- Teilschicht ☐
- Nachtschicht ☐
- Urlaub ☐
- Krank ☐

Stunden ☐
Überstunden ☐

Donnerstag: Arbeitszeit: von ___ bis ___

- Frühschicht ☐
- Spätschicht ☐
- Teilschicht ☐
- Nachtschicht ☐
- Urlaub ☐
- Krank ☐

Stunden ☐
Überstunden ☐

Freitag: Arbeitszeit: von ____ bis ____

- Frühschicht ☐
- Spätschicht ☐
- Teilschicht ☐
- Nachtschicht ☐
- Urlaub ☐
- Krank ☐

Stunden ☐
Überstunden ☐

Samstag: Arbeitszeit: von ____ bis ____

- Frühschicht ☐
- Spätschicht ☐
- Teilschicht ☐
- Nachtschicht ☐
- Urlaub ☐
- Krank ☐

Stunden ☐
Überstunden ☐

Sonntag: Arbeitszeit: von ____ bis ____

- Frühschicht ☐
- Spätschicht ☐
- Teilschicht ☐
- Nachtschicht ☐
- Urlaub ☐
- Krank ☐

Stunden ☐
Überstunden ☐

Gesamtstunden ☐

Meine Woche

Montag: Arbeitszeit: von ___ bis ___
- Frühschicht ☐
- Spätschicht ☐
- Teilschicht ☐
- Nachtschicht ☐
- Urlaub ☐
- Krank ☐

Stunden ☐
Überstunden ☐

Dienstag: Arbeitszeit: von ___ bis ___
- Frühschicht ☐
- Spätschicht ☐
- Teilschicht ☐
- Nachtschicht ☐
- Urlaub ☐
- Krank ☐

Stunden ☐
Überstunden ☐

Mittwoch: Arbeitszeit: von ___ bis ___
- Frühschicht ☐
- Spätschicht ☐
- Teilschicht ☐
- Nachtschicht ☐
- Urlaub ☐
- Krank ☐

Stunden ☐
Überstunden ☐

Donnerstag: Arbeitszeit: von ___ bis ___
- Frühschicht ☐
- Spätschicht ☐
- Teilschicht ☐
- Nachtschicht ☐
- Urlaub ☐
- Krank ☐

Stunden ☐
Überstunden ☐

Freitag:	Arbeitszeit: von	bis
Frühschicht ☐ Spätschicht ☐		Stunden ☐
Teilschicht ☐ Nachtschicht ☐		Überstunden ☐
Urlaub ☐ Krank ☐		

Samstag:	Arbeitszeit: von	bis
Frühschicht ☐ Spätschicht ☐		Stunden ☐
Teilschicht ☐ Nachtschicht ☐		Überstunden ☐
Urlaub ☐ Krank ☐		

Sonntag:	Arbeitszeit: von	bis
Frühschicht ☐ Spätschicht ☐		Stunden ☐
Teilschicht ☐ Nachtschicht ☐		Überstunden ☐
Urlaub ☐ Krank ☐		

Gesamtstunden ☐

Monatsüberblick

Gesamtstunden	
Überstunden	
Arbeitstage gesamt	
Freie Tage	
Krank Tage	
Urlaubstage	

Wichtige Termine

Monat: _____

Datum: | Termin:

Meine Woche

Montag: Arbeitszeit: von   bis
- Frühschicht
- Spätschicht
- Teilschicht
- Nachtschicht
- Urlaub
- Krank

Stunden ☐
Überstunden ☐

Dienstag: Arbeitszeit: von   bis
- Frühschicht
- Spätschicht
- Teilschicht
- Nachtschicht
- Urlaub
- Krank

Stunden ☐
Überstunden ☐

Mittwoch: Arbeitszeit: von   bis
- Frühschicht
- Spätschicht
- Teilschicht
- Nachtschicht
- Urlaub
- Krank

Stunden ☐
Überstunden ☐

Donnerstag: Arbeitszeit: von   bis
- Frühschicht
- Spätschicht
- Teilschicht
- Nachtschicht
- Urlaub
- Krank

Stunden ☐
Überstunden ☐

Freitag:	Arbeitszeit: von	bis
Frühschicht ☐ Spätschicht ☐	Stunden ☐	
Teilschicht ☐ Nachtschicht ☐	Überstunden ☐	
Urlaub ☐ Krank ☐		

Samstag:	Arbeitszeit: von	bis
Frühschicht ☐ Spätschicht ☐	Stunden ☐	
Teilschicht ☐ Nachtschicht ☐	Überstunden ☐	
Urlaub ☐ Krank ☐		

Sonntag:	Arbeitszeit: von	bis
Frühschicht ☐ Spätschicht ☐	Stunden ☐	
Teilschicht ☐ Nachtschicht ☐	Überstunden ☐	
Urlaub ☐ Krank ☐		

Gesamtstunden ☐

Meine Woche

Montag: Arbeitszeit: von   bis

- Frühschicht ☐
- Spätschicht ☐
- Teilschicht ☐
- Nachtschicht ☐
- Urlaub ☐
- Krank ☐

Stunden ☐
Überstunden ☐

Dienstag: Arbeitszeit: von   bis

- Frühschicht ☐
- Spätschicht ☐
- Teilschicht ☐
- Nachtschicht ☐
- Urlaub ☐
- Krank ☐

Stunden ☐
Überstunden ☐

Mittwoch: Arbeitszeit: von   bis

- Frühschicht ☐
- Spätschicht ☐
- Teilschicht ☐
- Nachtschicht ☐
- Urlaub ☐
- Krank ☐

Stunden ☐
Überstunden ☐

Donnerstag: Arbeitszeit: von   bis

- Frühschicht ☐
- Spätschicht ☐
- Teilschicht ☐
- Nachtschicht ☐
- Urlaub ☐
- Krank ☐

Stunden ☐
Überstunden ☐

Freitag:	Arbeitszeit: von	bis

- Frühschicht [ ] Spätschicht [ ]
- Teilschicht [ ] Nachtschicht [ ]
- Urlaub [ ] Krank [ ]

Stunden [ ]
Überstunden [ ]

Samstag:	Arbeitszeit: von	bis

- Frühschicht [ ] Spätschicht [ ]
- Teilschicht [ ] Nachtschicht [ ]
- Urlaub [ ] Krank [ ]

Stunden [ ]
Überstunden [ ]

Sonntag:	Arbeitszeit: von	bis

- Frühschicht [ ] Spätschicht [ ]
- Teilschicht [ ] Nachtschicht [ ]
- Urlaub [ ] Krank [ ]

Stunden [ ]
Überstunden [ ]

Gesamtstunden [ ]

Meine Woche

Montag: Arbeitszeit: von ___ bis ___

- Frühschicht ☐
- Spätschicht ☐
- Teilschicht ☐
- Nachtschicht ☐
- Urlaub ☐
- Krank ☐

Stunden ☐
Überstunden ☐

Dienstag: Arbeitszeit: von ___ bis ___

- Frühschicht ☐
- Spätschicht ☐
- Teilschicht ☐
- Nachtschicht ☐
- Urlaub ☐
- Krank ☐

Stunden ☐
Überstunden ☐

Mittwoch: Arbeitszeit: von ___ bis ___

- Frühschicht ☐
- Spätschicht ☐
- Teilschicht ☐
- Nachtschicht ☐
- Urlaub ☐
- Krank ☐

Stunden ☐
Überstunden ☐

Donnerstag: Arbeitszeit: von ___ bis ___

- Frühschicht ☐
- Spätschicht ☐
- Teilschicht ☐
- Nachtschicht ☐
- Urlaub ☐
- Krank ☐

Stunden ☐
Überstunden ☐

Freitag:	Arbeitszeit: von	bis
Frühschicht ☐	Spätschicht ☐	Stunden ☐
Teilschicht ☐	Nachtschicht ☐	Überstunden ☐
Urlaub ☐	Krank ☐	

Samstag:	Arbeitszeit: von	bis
Frühschicht ☐	Spätschicht ☐	Stunden ☐
Teilschicht ☐	Nachtschicht ☐	Überstunden ☐
Urlaub ☐	Krank ☐	

Sonntag:	Arbeitszeit: von	bis
Frühschicht ☐	Spätschicht ☐	Stunden ☐
Teilschicht ☐	Nachtschicht ☐	Überstunden ☐
Urlaub ☐	Krank ☐	

Gesamtstunden ☐

Meine Woche

Montag: Arbeitszeit: von ___ bis ___

- Frühschicht ☐
- Spätschicht ☐
- Teilschicht ☐
- Nachtschicht ☐
- Urlaub ☐
- Krank ☐

Stunden ☐
Überstunden ☐

Dienstag: Arbeitszeit: von ___ bis ___

- Frühschicht ☐
- Spätschicht ☐
- Teilschicht ☐
- Nachtschicht ☐
- Urlaub ☐
- Krank ☐

Stunden ☐
Überstunden ☐

Mittwoch: Arbeitszeit: von ___ bis ___

- Frühschicht ☐
- Spätschicht ☐
- Teilschicht ☐
- Nachtschicht ☐
- Urlaub ☐
- Krank ☐

Stunden ☐
Überstunden ☐

Donnerstag: Arbeitszeit: von ___ bis ___

- Frühschicht ☐
- Spätschicht ☐
- Teilschicht ☐
- Nachtschicht ☐
- Urlaub ☐
- Krank ☐

Stunden ☐
Überstunden ☐

Freitag: Arbeitszeit: von   bis

- Frühschicht ☐   Spätschicht ☐
- Teilschicht ☐   Nachtschicht ☐
- Urlaub ☐   Krank ☐

Stunden ☐
Überstunden ☐

Samstag: Arbeitszeit: von   bis

- Frühschicht ☐   Spätschicht ☐
- Teilschicht ☐   Nachtschicht ☐
- Urlaub ☐   Krank ☐

Stunden ☐
Überstunden ☐

Sonntag: Arbeitszeit: von   bis

- Frühschicht ☐   Spätschicht ☐
- Teilschicht ☐   Nachtschicht ☐
- Urlaub ☐   Krank ☐

Stunden ☐
Überstunden ☐

Gesamtstunden ☐

Meine Woche

Montag: Arbeitszeit: von ____ bis ____

- Frühschicht ☐
- Spätschicht ☐
- Teilschicht ☐
- Nachtschicht ☐
- Urlaub ☐
- Krank ☐

Stunden ☐
Überstunden ☐

Dienstag: Arbeitszeit: von ____ bis ____

- Frühschicht ☐
- Spätschicht ☐
- Teilschicht ☐
- Nachtschicht ☐
- Urlaub ☐
- Krank ☐

Stunden ☐
Überstunden ☐

Mittwoch: Arbeitszeit: von ____ bis ____

- Frühschicht ☐
- Spätschicht ☐
- Teilschicht ☐
- Nachtschicht ☐
- Urlaub ☐
- Krank ☐

Stunden ☐
Überstunden ☐

Donnerstag: Arbeitszeit: von ____ bis ____

- Frühschicht ☐
- Spätschicht ☐
- Teilschicht ☐
- Nachtschicht ☐
- Urlaub ☐
- Krank ☐

Stunden ☐
Überstunden ☐

Freitag:	Arbeitszeit: von	bis
Frühschicht ☐ Spätschicht ☐		Stunden ☐
Teilschicht ☐ Nachtschicht ☐		Überstunden ☐
Urlaub ☐ Krank ☐		

Samstag:	Arbeitszeit: von	bis
Frühschicht ☐ Spätschicht ☐		Stunden ☐
Teilschicht ☐ Nachtschicht ☐		Überstunden ☐
Urlaub ☐ Krank ☐		

Sonntag:	Arbeitszeit: von	bis
Frühschicht ☐ Spätschicht ☐		Stunden ☐
Teilschicht ☐ Nachtschicht ☐		Überstunden ☐
Urlaub ☐ Krank ☐		

Gesamtstunden ☐

Monatsüberblick

Gesamtstunden	

Überstunden	

Arbeitstage gesamt	

Freie Tage	

Krank Tage	

Urlaubstage	

Wichtige Termine

Monat:

Datum: | **Termin:**

Meine Woche

Montag: Arbeitszeit: von ___ bis ___

- Frühschicht ☐
- Spätschicht ☐
- Teilschicht ☐
- Nachtschicht ☐
- Urlaub ☐
- Krank ☐

Stunden ☐
Überstunden ☐

Dienstag: Arbeitszeit: von ___ bis ___

- Frühschicht ☐
- Spätschicht ☐
- Teilschicht ☐
- Nachtschicht ☐
- Urlaub ☐
- Krank ☐

Stunden ☐
Überstunden ☐

Mittwoch: Arbeitszeit: von ___ bis ___

- Frühschicht ☐
- Spätschicht ☐
- Teilschicht ☐
- Nachtschicht ☐
- Urlaub ☐
- Krank ☐

Stunden ☐
Überstunden ☐

Donnerstag: Arbeitszeit: von ___ bis ___

- Frühschicht ☐
- Spätschicht ☐
- Teilschicht ☐
- Nachtschicht ☐
- Urlaub ☐
- Krank ☐

Stunden ☐
Überstunden ☐

Freitag: Arbeitszeit: von ___ bis ___

- Frühschicht ☐
- Spätschicht ☐
- Teilschicht ☐
- Nachtschicht ☐
- Urlaub ☐
- Krank ☐

Stunden ☐
Überstunden ☐

Samstag: Arbeitszeit: von ___ bis ___

- Frühschicht ☐
- Spätschicht ☐
- Teilschicht ☐
- Nachtschicht ☐
- Urlaub ☐
- Krank ☐

Stunden ☐
Überstunden ☐

Sonntag: Arbeitszeit: von ___ bis ___

- Frühschicht ☐
- Spätschicht ☐
- Teilschicht ☐
- Nachtschicht ☐
- Urlaub ☐
- Krank ☐

Stunden ☐
Überstunden ☐

Gesamtstunden ☐

Meine Woche

Montag: Arbeitszeit: von ___ bis ___

- Frühschicht ☐
- Spätschicht ☐
- Teilschicht ☐
- Nachtschicht ☐
- Urlaub ☐
- Krank ☐

Stunden ☐
Überstunden ☐

Dienstag: Arbeitszeit: von ___ bis ___

- Frühschicht ☐
- Spätschicht ☐
- Teilschicht ☐
- Nachtschicht ☐
- Urlaub ☐
- Krank ☐

Stunden ☐
Überstunden ☐

Mittwoch: Arbeitszeit: von ___ bis ___

- Frühschicht ☐
- Spätschicht ☐
- Teilschicht ☐
- Nachtschicht ☐
- Urlaub ☐
- Krank ☐

Stunden ☐
Überstunden ☐

Donnerstag: Arbeitszeit: von ___ bis ___

- Frühschicht ☐
- Spätschicht ☐
- Teilschicht ☐
- Nachtschicht ☐
- Urlaub ☐
- Krank ☐

Stunden ☐
Überstunden ☐

Freitag:	Arbeitszeit: von ___ bis ___
Frühschicht ☐ Spätschicht ☐	
Teilschicht ☐ Nachtschicht ☐	Stunden ☐
Urlaub ☐ Krank ☐	Überstunden ☐

Samstag:	Arbeitszeit: von ___ bis ___
Frühschicht ☐ Spätschicht ☐	
Teilschicht ☐ Nachtschicht ☐	Stunden ☐
Urlaub ☐ Krank ☐	Überstunden ☐

Sonntag:	Arbeitszeit: von ___ bis ___
Frühschicht ☐ Spätschicht ☐	
Teilschicht ☐ Nachtschicht ☐	Stunden ☐
Urlaub ☐ Krank ☐	Überstunden ☐

Gesamtstunden ☐

Meine Woche

Montag: Arbeitszeit: von   bis

- Frühschicht ☐
- Spätschicht ☐
- Teilschicht ☐
- Nachtschicht ☐
- Urlaub ☐
- Krank ☐

Stunden ☐
Überstunden ☐

Dienstag: Arbeitszeit: von   bis

- Frühschicht ☐
- Spätschicht ☐
- Teilschicht ☐
- Nachtschicht ☐
- Urlaub ☐
- Krank ☐

Stunden ☐
Überstunden ☐

Mittwoch: Arbeitszeit: von   bis

- Frühschicht ☐
- Spätschicht ☐
- Teilschicht ☐
- Nachtschicht ☐
- Urlaub ☐
- Krank ☐

Stunden ☐
Überstunden ☐

Donnerstag: Arbeitszeit: von   bis

- Frühschicht ☐
- Spätschicht ☐
- Teilschicht ☐
- Nachtschicht ☐
- Urlaub ☐
- Krank ☐

Stunden ☐
Überstunden ☐

Freitag: Arbeitszeit: von _____ bis _____

- Frühschicht ☐
- Spätschicht ☐
- Teilschicht ☐
- Nachtschicht ☐
- Urlaub ☐
- Krank ☐

Stunden ☐
Überstunden ☐

Samstag: Arbeitszeit: von _____ bis _____

- Frühschicht ☐
- Spätschicht ☐
- Teilschicht ☐
- Nachtschicht ☐
- Urlaub ☐
- Krank ☐

Stunden ☐
Überstunden ☐

Sonntag: Arbeitszeit: von _____ bis _____

- Frühschicht ☐
- Spätschicht ☐
- Teilschicht ☐
- Nachtschicht ☐
- Urlaub ☐
- Krank ☐

Stunden ☐
Überstunden ☐

Gesamtstunden ☐

Meine Woche

Montag: Arbeitszeit: von ___ bis ___

- Frühschicht ☐
- Spätschicht ☐
- Teilschicht ☐
- Nachtschicht ☐
- Urlaub ☐
- Krank ☐

Stunden ☐
Überstunden ☐

Dienstag: Arbeitszeit: von ___ bis ___

- Frühschicht ☐
- Spätschicht ☐
- Teilschicht ☐
- Nachtschicht ☐
- Urlaub ☐
- Krank ☐

Stunden ☐
Überstunden ☐

Mittwoch: Arbeitszeit: von ___ bis ___

- Frühschicht ☐
- Spätschicht ☐
- Teilschicht ☐
- Nachtschicht ☐
- Urlaub ☐
- Krank ☐

Stunden ☐
Überstunden ☐

Donnerstag: Arbeitszeit: von ___ bis ___

- Frühschicht ☐
- Spätschicht ☐
- Teilschicht ☐
- Nachtschicht ☐
- Urlaub ☐
- Krank ☐

Stunden ☐
Überstunden ☐

Freitag: Arbeitszeit: von ☐ bis ☐

- Frühschicht ☐
- Spätschicht ☐
- Teilschicht ☐
- Nachtschicht ☐
- Urlaub ☐
- Krank ☐

Stunden ☐
Überstunden ☐

Samstag: Arbeitszeit: von ☐ bis ☐

- Frühschicht ☐
- Spätschicht ☐
- Teilschicht ☐
- Nachtschicht ☐
- Urlaub ☐
- Krank ☐

Stunden ☐
Überstunden ☐

Sonntag: Arbeitszeit: von ☐ bis ☐

- Frühschicht ☐
- Spätschicht ☐
- Teilschicht ☐
- Nachtschicht ☐
- Urlaub ☐
- Krank ☐

Stunden ☐
Überstunden ☐

Gesamtstunden ☐

Meine Woche

Montag: Arbeitszeit: von ___ bis ___

- Frühschicht ☐
- Spätschicht ☐
- Teilschicht ☐
- Nachtschicht ☐
- Urlaub ☐
- Krank ☐

Stunden ☐
Überstunden ☐

Dienstag: Arbeitszeit: von ___ bis ___

- Frühschicht ☐
- Spätschicht ☐
- Teilschicht ☐
- Nachtschicht ☐
- Urlaub ☐
- Krank ☐

Stunden ☐
Überstunden ☐

Mittwoch: Arbeitszeit: von ___ bis ___

- Frühschicht ☐
- Spätschicht ☐
- Teilschicht ☐
- Nachtschicht ☐
- Urlaub ☐
- Krank ☐

Stunden ☐
Überstunden ☐

Donnerstag: Arbeitszeit: von ___ bis ___

- Frühschicht ☐
- Spätschicht ☐
- Teilschicht ☐
- Nachtschicht ☐
- Urlaub ☐
- Krank ☐

Stunden ☐
Überstunden ☐

Freitag: Arbeitszeit: von ___ bis ___

- Frühschicht ☐
- Spätschicht ☐
- Teilschicht ☐
- Nachtschicht ☐
- Urlaub ☐
- Krank ☐

Stunden ☐
Überstunden ☐

Samstag: Arbeitszeit: von ___ bis ___

- Frühschicht ☐
- Spätschicht ☐
- Teilschicht ☐
- Nachtschicht ☐
- Urlaub ☐
- Krank ☐

Stunden ☐
Überstunden ☐

Sonntag: Arbeitszeit: von ___ bis ___

- Frühschicht ☐
- Spätschicht ☐
- Teilschicht ☐
- Nachtschicht ☐
- Urlaub ☐
- Krank ☐

Stunden ☐
Überstunden ☐

Gesamtstunden ☐

Monatsüberblick

Gesamtstunden	

Überstunden	

Arbeitstage gesamt	

Freie Tage	

Krank Tage	

Urlaubstage	

Wichtige Termine

Monat: _____

Datum:	Termin:

Meine Woche

Montag: Arbeitszeit: von bis
- Frühschicht
- Spätschicht
- Teilschicht
- Nachtschicht
- Urlaub
- Krank

Stunden
Überstunden

Dienstag: Arbeitszeit: von bis
- Frühschicht
- Spätschicht
- Teilschicht
- Nachtschicht
- Urlaub
- Krank

Stunden
Überstunden

Mittwoch: Arbeitszeit: von bis
- Frühschicht
- Spätschicht
- Teilschicht
- Nachtschicht
- Urlaub
- Krank

Stunden
Überstunden

Donnerstag: Arbeitszeit: von bis
- Frühschicht
- Spätschicht
- Teilschicht
- Nachtschicht
- Urlaub
- Krank

Stunden
Überstunden

Freitag:	Arbeitszeit: von ___ bis ___
☐ Frühschicht ☐ Spätschicht	
☐ Teilschicht ☐ Nachtschicht	Stunden ☐
☐ Urlaub ☐ Krank	Überstunden ☐

Samstag:	Arbeitszeit: von ___ bis ___
☐ Frühschicht ☐ Spätschicht	
☐ Teilschicht ☐ Nachtschicht	Stunden ☐
☐ Urlaub ☐ Krank	Überstunden ☐

Sonntag:	Arbeitszeit: von ___ bis ___
☐ Frühschicht ☐ Spätschicht	
☐ Teilschicht ☐ Nachtschicht	Stunden ☐
☐ Urlaub ☐ Krank	Überstunden ☐

Gesamtstunden ☐

Meine Woche

Montag: Arbeitszeit: von ___ bis ___

- Frühschicht ☐
- Spätschicht ☐
- Teilschicht ☐
- Nachtschicht ☐
- Urlaub ☐
- Krank ☐

Stunden ☐
Überstunden ☐

Dienstag: Arbeitszeit: von ___ bis ___

- Frühschicht ☐
- Spätschicht ☐
- Teilschicht ☐
- Nachtschicht ☐
- Urlaub ☐
- Krank ☐

Stunden ☐
Überstunden ☐

Mittwoch: Arbeitszeit: von ___ bis ___

- Frühschicht ☐
- Spätschicht ☐
- Teilschicht ☐
- Nachtschicht ☐
- Urlaub ☐
- Krank ☐

Stunden ☐
Überstunden ☐

Donnerstag: Arbeitszeit: von ___ bis ___

- Frühschicht ☐
- Spätschicht ☐
- Teilschicht ☐
- Nachtschicht ☐
- Urlaub ☐
- Krank ☐

Stunden ☐
Überstunden ☐

Freitag:	Arbeitszeit: von	bis

- Frühschicht ☐
- Spätschicht ☐
- Teilschicht ☐
- Nachtschicht ☐
- Urlaub ☐
- Krank ☐

Stunden ☐
Überstunden ☐

Samstag:	Arbeitszeit: von	bis

- Frühschicht ☐
- Spätschicht ☐
- Teilschicht ☐
- Nachtschicht ☐
- Urlaub ☐
- Krank ☐

Stunden ☐
Überstunden ☐

Sonntag:	Arbeitszeit: von	bis

- Frühschicht ☐
- Spätschicht ☐
- Teilschicht ☐
- Nachtschicht ☐
- Urlaub ☐
- Krank ☐

Stunden ☐
Überstunden ☐

Gesamtstunden ☐

Meine Woche

Montag: Arbeitszeit: von ___ bis ___

- Frühschicht ☐
- Spätschicht ☐
- Teilschicht ☐
- Nachtschicht ☐
- Urlaub ☐
- Krank ☐

Stunden ☐
Überstunden ☐

Dienstag: Arbeitszeit: von ___ bis ___

- Frühschicht ☐
- Spätschicht ☐
- Teilschicht ☐
- Nachtschicht ☐
- Urlaub ☐
- Krank ☐

Stunden ☐
Überstunden ☐

Mittwoch: Arbeitszeit: von ___ bis ___

- Frühschicht ☐
- Spätschicht ☐
- Teilschicht ☐
- Nachtschicht ☐
- Urlaub ☐
- Krank ☐

Stunden ☐
Überstunden ☐

Donnerstag: Arbeitszeit: von ___ bis ___

- Frühschicht ☐
- Spätschicht ☐
- Teilschicht ☐
- Nachtschicht ☐
- Urlaub ☐
- Krank ☐

Stunden ☐
Überstunden ☐

Freitag: Arbeitszeit: von ___ bis ___

- Frühschicht ☐
- Spätschicht ☐
- Teilschicht ☐
- Nachtschicht ☐
- Urlaub ☐
- Krank ☐

Stunden ☐
Überstunden ☐

Samstag: Arbeitszeit: von ___ bis ___

- Frühschicht ☐
- Spätschicht ☐
- Teilschicht ☐
- Nachtschicht ☐
- Urlaub ☐
- Krank ☐

Stunden ☐
Überstunden ☐

Sonntag: Arbeitszeit: von ___ bis ___

- Frühschicht ☐
- Spätschicht ☐
- Teilschicht ☐
- Nachtschicht ☐
- Urlaub ☐
- Krank ☐

Stunden ☐
Überstunden ☐

Gesamtstunden ☐

Meine Woche

Montag: Arbeitszeit: von ___ bis ___

- Frühschicht ☐
- Spätschicht ☐
- Teilschicht ☐
- Nachtschicht ☐
- Urlaub ☐
- Krank ☐

Stunden ☐
Überstunden ☐

Dienstag: Arbeitszeit: von ___ bis ___

- Frühschicht ☐
- Spätschicht ☐
- Teilschicht ☐
- Nachtschicht ☐
- Urlaub ☐
- Krank ☐

Stunden ☐
Überstunden ☐

Mittwoch: Arbeitszeit: von ___ bis ___

- Frühschicht ☐
- Spätschicht ☐
- Teilschicht ☐
- Nachtschicht ☐
- Urlaub ☐
- Krank ☐

Stunden ☐
Überstunden ☐

Donnerstag: Arbeitszeit: von ___ bis ___

- Frühschicht ☐
- Spätschicht ☐
- Teilschicht ☐
- Nachtschicht ☐
- Urlaub ☐
- Krank ☐

Stunden ☐
Überstunden ☐

Freitag:	Arbeitszeit: von	bis
Frühschicht	Spätschicht	Stunden
Teilschicht	Nachtschicht	Überstunden
Urlaub	Krank	

Samstag:	Arbeitszeit: von	bis
Frühschicht	Spätschicht	Stunden
Teilschicht	Nachtschicht	Überstunden
Urlaub	Krank	

Sonntag:	Arbeitszeit: von	bis
Frühschicht	Spätschicht	Stunden
Teilschicht	Nachtschicht	Überstunden
Urlaub	Krank	

Gesamtstunden

Meine Woche

Montag: Arbeitszeit: von ___ bis ___

- Frühschicht ☐
- Spätschicht ☐
- Teilschicht ☐
- Nachtschicht ☐
- Urlaub ☐
- Krank ☐

Stunden ☐
Überstunden ☐

Dienstag: Arbeitszeit: von ___ bis ___

- Frühschicht ☐
- Spätschicht ☐
- Teilschicht ☐
- Nachtschicht ☐
- Urlaub ☐
- Krank ☐

Stunden ☐
Überstunden ☐

Mittwoch: Arbeitszeit: von ___ bis ___

- Frühschicht ☐
- Spätschicht ☐
- Teilschicht ☐
- Nachtschicht ☐
- Urlaub ☐
- Krank ☐

Stunden ☐
Überstunden ☐

Donnerstag: Arbeitszeit: von ___ bis ___

- Frühschicht ☐
- Spätschicht ☐
- Teilschicht ☐
- Nachtschicht ☐
- Urlaub ☐
- Krank ☐

Stunden ☐
Überstunden ☐

Freitag:	Arbeitszeit: von	bis
Frühschicht ☐ Spätschicht ☐		Stunden ☐
Teilschicht ☐ Nachtschicht ☐		Überstunden ☐
Urlaub ☐ Krank ☐		

Samstag:	Arbeitszeit: von	bis
Frühschicht ☐ Spätschicht ☐		Stunden ☐
Teilschicht ☐ Nachtschicht ☐		Überstunden ☐
Urlaub ☐ Krank ☐		

Sonntag:	Arbeitszeit: von	bis
Frühschicht ☐ Spätschicht ☐		Stunden ☐
Teilschicht ☐ Nachtschicht ☐		Überstunden ☐
Urlaub ☐ Krank ☐		

Gesamtstunden ☐

Monatsüberblick

Gesamtstunden	
Überstunden	
Arbeitstage gesamt	
Freie Tage	
Krank Tage	
Urlaubstage	

Wichtige Termine

Monat: _____

Datum: | Termin:

Meine Woche

Montag: Arbeitszeit: von ___ bis ___

- Frühschicht ☐
- Spätschicht ☐
- Teilschicht ☐
- Nachtschicht ☐
- Urlaub ☐
- Krank ☐

Stunden ☐
Überstunden ☐

Dienstag: Arbeitszeit: von ___ bis ___

- Frühschicht ☐
- Spätschicht ☐
- Teilschicht ☐
- Nachtschicht ☐
- Urlaub ☐
- Krank ☐

Stunden ☐
Überstunden ☐

Mittwoch: Arbeitszeit: von ___ bis ___

- Frühschicht ☐
- Spätschicht ☐
- Teilschicht ☐
- Nachtschicht ☐
- Urlaub ☐
- Krank ☐

Stunden ☐
Überstunden ☐

Donnerstag: Arbeitszeit: von ___ bis ___

- Frühschicht ☐
- Spätschicht ☐
- Teilschicht ☐
- Nachtschicht ☐
- Urlaub ☐
- Krank ☐

Stunden ☐
Überstunden ☐

Freitag:	Arbeitszeit: von	bis
Frühschicht ☐	Spätschicht ☐	Stunden ☐
Teilschicht ☐	Nachtschicht ☐	Überstunden ☐
Urlaub ☐	Krank ☐	

Samstag:	Arbeitszeit: von	bis
Frühschicht ☐	Spätschicht ☐	Stunden ☐
Teilschicht ☐	Nachtschicht ☐	Überstunden ☐
Urlaub ☐	Krank ☐	

Sonntag:	Arbeitszeit: von	bis
Frühschicht ☐	Spätschicht ☐	Stunden ☐
Teilschicht ☐	Nachtschicht ☐	Überstunden ☐
Urlaub ☐	Krank ☐	

Gesamtstunden ☐

Meine Woche

Montag: Arbeitszeit: von ___ bis ___

- Frühschicht ☐
- Spätschicht ☐
- Teilschicht ☐
- Nachtschicht ☐
- Urlaub ☐
- Krank ☐

Stunden ☐
Überstunden ☐

Dienstag: Arbeitszeit: von ___ bis ___

- Frühschicht ☐
- Spätschicht ☐
- Teilschicht ☐
- Nachtschicht ☐
- Urlaub ☐
- Krank ☐

Stunden ☐
Überstunden ☐

Mittwoch: Arbeitszeit: von ___ bis ___

- Frühschicht ☐
- Spätschicht ☐
- Teilschicht ☐
- Nachtschicht ☐
- Urlaub ☐
- Krank ☐

Stunden ☐
Überstunden ☐

Donnerstag: Arbeitszeit: von ___ bis ___

- Frühschicht ☐
- Spätschicht ☐
- Teilschicht ☐
- Nachtschicht ☐
- Urlaub ☐
- Krank ☐

Stunden ☐
Überstunden ☐

Freitag:	Arbeitszeit: von	bis
Frühschicht	Spätschicht	Stunden
Teilschicht	Nachtschicht	Überstunden
Urlaub	Krank	

Samstag:	Arbeitszeit: von	bis
Frühschicht	Spätschicht	Stunden
Teilschicht	Nachtschicht	Überstunden
Urlaub	Krank	

Sonntag:	Arbeitszeit: von	bis
Frühschicht	Spätschicht	Stunden
Teilschicht	Nachtschicht	Überstunden
Urlaub	Krank	

Gesamtstunden

Meine Woche

Montag: Arbeitszeit: von ___ bis ___

- Frühschicht ☐
- Spätschicht ☐
- Teilschicht ☐
- Nachtschicht ☐
- Urlaub ☐
- Krank ☐

Stunden ☐
Überstunden ☐

Dienstag: Arbeitszeit: von ___ bis ___

- Frühschicht ☐
- Spätschicht ☐
- Teilschicht ☐
- Nachtschicht ☐
- Urlaub ☐
- Krank ☐

Stunden ☐
Überstunden ☐

Mittwoch: Arbeitszeit: von ___ bis ___

- Frühschicht ☐
- Spätschicht ☐
- Teilschicht ☐
- Nachtschicht ☐
- Urlaub ☐
- Krank ☐

Stunden ☐
Überstunden ☐

Donnerstag: Arbeitszeit: von ___ bis ___

- Frühschicht ☐
- Spätschicht ☐
- Teilschicht ☐
- Nachtschicht ☐
- Urlaub ☐
- Krank ☐

Stunden ☐
Überstunden ☐

Freitag: Arbeitszeit: von ___ bis ___

- Frühschicht ☐
- Spätschicht ☐
- Teilschicht ☐
- Nachtschicht ☐
- Urlaub ☐
- Krank ☐

Stunden ☐
Überstunden ☐

Samstag: Arbeitszeit: von ___ bis ___

- Frühschicht ☐
- Spätschicht ☐
- Teilschicht ☐
- Nachtschicht ☐
- Urlaub ☐
- Krank ☐

Stunden ☐
Überstunden ☐

Sonntag: Arbeitszeit: von ___ bis ___

- Frühschicht ☐
- Spätschicht ☐
- Teilschicht ☐
- Nachtschicht ☐
- Urlaub ☐
- Krank ☐

Stunden ☐
Überstunden ☐

Gesamtstunden ☐

Meine Woche

Montag: Arbeitszeit: von ___ bis ___

- Frühschicht ☐
- Spätschicht ☐
- Teilschicht ☐
- Nachtschicht ☐
- Urlaub ☐
- Krank ☐

Stunden ☐
Überstunden ☐

Dienstag: Arbeitszeit: von ___ bis ___

- Frühschicht ☐
- Spätschicht ☐
- Teilschicht ☐
- Nachtschicht ☐
- Urlaub ☐
- Krank ☐

Stunden ☐
Überstunden ☐

Mittwoch: Arbeitszeit: von ___ bis ___

- Frühschicht ☐
- Spätschicht ☐
- Teilschicht ☐
- Nachtschicht ☐
- Urlaub ☐
- Krank ☐

Stunden ☐
Überstunden ☐

Donnerstag: Arbeitszeit: von ___ bis ___

- Frühschicht ☐
- Spätschicht ☐
- Teilschicht ☐
- Nachtschicht ☐
- Urlaub ☐
- Krank ☐

Stunden ☐
Überstunden ☐

Freitag:	Arbeitszeit: von	bis
Frühschicht	Spätschicht	Stunden
Teilschicht	Nachtschicht	Überstunden
Urlaub	Krank	

Samstag:	Arbeitszeit: von	bis
Frühschicht	Spätschicht	Stunden
Teilschicht	Nachtschicht	Überstunden
Urlaub	Krank	

Sonntag:	Arbeitszeit: von	bis
Frühschicht	Spätschicht	Stunden
Teilschicht	Nachtschicht	Überstunden
Urlaub	Krank	

Gesamtstunden

Meine Woche

Montag: Arbeitszeit: von ___ bis ___

- Frühschicht ☐
- Spätschicht ☐
- Teilschicht ☐
- Nachtschicht ☐
- Urlaub ☐
- Krank ☐

Stunden ☐
Überstunden ☐

Dienstag: Arbeitszeit: von ___ bis ___

- Frühschicht ☐
- Spätschicht ☐
- Teilschicht ☐
- Nachtschicht ☐
- Urlaub ☐
- Krank ☐

Stunden ☐
Überstunden ☐

Mittwoch: Arbeitszeit: von ___ bis ___

- Frühschicht ☐
- Spätschicht ☐
- Teilschicht ☐
- Nachtschicht ☐
- Urlaub ☐
- Krank ☐

Stunden ☐
Überstunden ☐

Donnerstag: Arbeitszeit: von ___ bis ___

- Frühschicht ☐
- Spätschicht ☐
- Teilschicht ☐
- Nachtschicht ☐
- Urlaub ☐
- Krank ☐

Stunden ☐
Überstunden ☐

Freitag:	Arbeitszeit: von	bis
Frühschicht ☐ Spätschicht ☐	Teilschicht ☐ Nachtschicht ☐	Stunden ☐ Überstunden ☐
Urlaub ☐ Krank ☐		

Samstag:	Arbeitszeit: von	bis
Frühschicht ☐ Spätschicht ☐	Teilschicht ☐ Nachtschicht ☐	Stunden ☐ Überstunden ☐
Urlaub ☐ Krank ☐		

Sonntag:	Arbeitszeit: von	bis
Frühschicht ☐ Spätschicht ☐	Teilschicht ☐ Nachtschicht ☐	Stunden ☐ Überstunden ☐
Urlaub ☐ Krank ☐		

Gesamtstunden ☐

Monatsüberblick

Gesamtstunden	
Überstunden	
Arbeitstage gesamt	
Freie Tage	
Krank Tage	
Urlaubstage	

Wichtige Termine

Monat: _____

Datum: | Termin:

Meine Woche

Montag: Arbeitszeit: von ___ bis ___
- Frühschicht ☐
- Spätschicht ☐
- Teilschicht ☐
- Nachtschicht ☐
- Urlaub ☐
- Krank ☐

Stunden ☐
Überstunden ☐

Dienstag: Arbeitszeit: von ___ bis ___
- Frühschicht ☐
- Spätschicht ☐
- Teilschicht ☐
- Nachtschicht ☐
- Urlaub ☐
- Krank ☐

Stunden ☐
Überstunden ☐

Mittwoch: Arbeitszeit: von ___ bis ___
- Frühschicht ☐
- Spätschicht ☐
- Teilschicht ☐
- Nachtschicht ☐
- Urlaub ☐
- Krank ☐

Stunden ☐
Überstunden ☐

Donnerstag: Arbeitszeit: von ___ bis ___
- Frühschicht ☐
- Spätschicht ☐
- Teilschicht ☐
- Nachtschicht ☐
- Urlaub ☐
- Krank ☐

Stunden ☐
Überstunden ☐

Freitag: Arbeitszeit: von ___ bis ___

- Frühschicht ☐
- Spätschicht ☐
- Teilschicht ☐
- Nachtschicht ☐
- Urlaub ☐
- Krank ☐

Stunden ☐
Überstunden ☐

Samstag: Arbeitszeit: von ___ bis ___

- Frühschicht ☐
- Spätschicht ☐
- Teilschicht ☐
- Nachtschicht ☐
- Urlaub ☐
- Krank ☐

Stunden ☐
Überstunden ☐

Sonntag: Arbeitszeit: von ___ bis ___

- Frühschicht ☐
- Spätschicht ☐
- Teilschicht ☐
- Nachtschicht ☐
- Urlaub ☐
- Krank ☐

Stunden ☐
Überstunden ☐

Gesamtstunden ☐

Meine Woche

Montag: Arbeitszeit: von ___ bis ___
- Frühschicht ☐
- Spätschicht ☐
- Teilschicht ☐
- Nachtschicht ☐
- Urlaub ☐
- Krank ☐

Stunden ☐
Überstunden ☐

Dienstag: Arbeitszeit: von ___ bis ___
- Frühschicht ☐
- Spätschicht ☐
- Teilschicht ☐
- Nachtschicht ☐
- Urlaub ☐
- Krank ☐

Stunden ☐
Überstunden ☐

Mittwoch: Arbeitszeit: von ___ bis ___
- Frühschicht ☐
- Spätschicht ☐
- Teilschicht ☐
- Nachtschicht ☐
- Urlaub ☐
- Krank ☐

Stunden ☐
Überstunden ☐

Donnerstag: Arbeitszeit: von ___ bis ___
- Frühschicht ☐
- Spätschicht ☐
- Teilschicht ☐
- Nachtschicht ☐
- Urlaub ☐
- Krank ☐

Stunden ☐
Überstunden ☐

Freitag: Arbeitszeit: von ____ bis ____

- Frühschicht ☐
- Spätschicht ☐
- Teilschicht ☐
- Nachtschicht ☐
- Urlaub ☐
- Krank ☐

Stunden ☐
Überstunden ☐

Samstag: Arbeitszeit: von ____ bis ____

- Frühschicht ☐
- Spätschicht ☐
- Teilschicht ☐
- Nachtschicht ☐
- Urlaub ☐
- Krank ☐

Stunden ☐
Überstunden ☐

Sonntag: Arbeitszeit: von ____ bis ____

- Frühschicht ☐
- Spätschicht ☐
- Teilschicht ☐
- Nachtschicht ☐
- Urlaub ☐
- Krank ☐

Stunden ☐
Überstunden ☐

Gesamtstunden ☐

Meine Woche

Montag: Arbeitszeit: von ___ bis ___
- Frühschicht ☐ Spätschicht ☐
- Teilschicht ☐ Nachtschicht ☐
- Urlaub ☐ Krank ☐

Stunden ☐
Überstunden ☐

Dienstag: Arbeitszeit: von ___ bis ___
- Frühschicht ☐ Spätschicht ☐
- Teilschicht ☐ Nachtschicht ☐
- Urlaub ☐ Krank ☐

Stunden ☐
Überstunden ☐

Mittwoch: Arbeitszeit: von ___ bis ___
- Frühschicht ☐ Spätschicht ☐
- Teilschicht ☐ Nachtschicht ☐
- Urlaub ☐ Krank ☐

Stunden ☐
Überstunden ☐

Donnerstag: Arbeitszeit: von ___ bis ___
- Frühschicht ☐ Spätschicht ☐
- Teilschicht ☐ Nachtschicht ☐
- Urlaub ☐ Krank ☐

Stunden ☐
Überstunden ☐

Freitag:	Arbeitszeit: von	bis
Frühschicht ☐	Spätschicht ☐	Stunden ☐
Teilschicht ☐	Nachtschicht ☐	Überstunden ☐
Urlaub ☐	Krank ☐	

Samstag:	Arbeitszeit: von	bis
Frühschicht ☐	Spätschicht ☐	Stunden ☐
Teilschicht ☐	Nachtschicht ☐	Überstunden ☐
Urlaub ☐	Krank ☐	

Sonntag:	Arbeitszeit: von	bis
Frühschicht ☐	Spätschicht ☐	Stunden ☐
Teilschicht ☐	Nachtschicht ☐	Überstunden ☐
Urlaub ☐	Krank ☐	

Gesamtstunden ☐

Meine Woche

Montag: Arbeitszeit: von ___ bis ___

- Frühschicht ☐
- Spätschicht ☐
- Teilschicht ☐
- Nachtschicht ☐
- Urlaub ☐
- Krank ☐

Stunden ☐
Überstunden ☐

Dienstag: Arbeitszeit: von ___ bis ___

- Frühschicht ☐
- Spätschicht ☐
- Teilschicht ☐
- Nachtschicht ☐
- Urlaub ☐
- Krank ☐

Stunden ☐
Überstunden ☐

Mittwoch: Arbeitszeit: von ___ bis ___

- Frühschicht ☐
- Spätschicht ☐
- Teilschicht ☐
- Nachtschicht ☐
- Urlaub ☐
- Krank ☐

Stunden ☐
Überstunden ☐

Donnerstag: Arbeitszeit: von ___ bis ___

- Frühschicht ☐
- Spätschicht ☐
- Teilschicht ☐
- Nachtschicht ☐
- Urlaub ☐
- Krank ☐

Stunden ☐
Überstunden ☐

Freitag:	Arbeitszeit: von	bis
Frühschicht	Spätschicht	Stunden
Teilschicht	Nachtschicht	Überstunden
Urlaub	Krank	

Samstag:	Arbeitszeit: von	bis
Frühschicht	Spätschicht	Stunden
Teilschicht	Nachtschicht	Überstunden
Urlaub	Krank	

Sonntag:	Arbeitszeit: von	bis
Frühschicht	Spätschicht	Stunden
Teilschicht	Nachtschicht	Überstunden
Urlaub	Krank	

Gesamtstunden

Meine Woche

Montag: Arbeitszeit: von ___ bis ___
- Frühschicht ☐
- Spätschicht ☐
- Teilschicht ☐
- Nachtschicht ☐
- Urlaub ☐
- Krank ☐

Stunden ☐
Überstunden ☐

Dienstag: Arbeitszeit: von ___ bis ___
- Frühschicht ☐
- Spätschicht ☐
- Teilschicht ☐
- Nachtschicht ☐
- Urlaub ☐
- Krank ☐

Stunden ☐
Überstunden ☐

Mittwoch: Arbeitszeit: von ___ bis ___
- Frühschicht ☐
- Spätschicht ☐
- Teilschicht ☐
- Nachtschicht ☐
- Urlaub ☐
- Krank ☐

Stunden ☐
Überstunden ☐

Donnerstag: Arbeitszeit: von ___ bis ___
- Frühschicht ☐
- Spätschicht ☐
- Teilschicht ☐
- Nachtschicht ☐
- Urlaub ☐
- Krank ☐

Stunden ☐
Überstunden ☐

Freitag:	Arbeitszeit: von	bis
Frühschicht ☐ Spätschicht ☐	Stunden ☐	
Teilschicht ☐ Nachtschicht ☐	Überstunden ☐	
Urlaub ☐ Krank ☐		

Samstag:	Arbeitszeit: von	bis
Frühschicht ☐ Spätschicht ☐	Stunden ☐	
Teilschicht ☐ Nachtschicht ☐	Überstunden ☐	
Urlaub ☐ Krank ☐		

Sonntag:	Arbeitszeit: von	bis
Frühschicht ☐ Spätschicht ☐	Stunden ☐	
Teilschicht ☐ Nachtschicht ☐	Überstunden ☐	
Urlaub ☐ Krank ☐		

Gesamtstunden ☐

Monatsüberblick

Gesamtstunden	
Überstunden	
Arbeitstage gesamt	
Freie Tage	
Krank Tage	
Urlaubstage	

Wichtige Termine

Monat:

Datum: | **Termin:**

Meine Woche

Montag: Arbeitszeit: von ____ bis ____

- Frühschicht ☐
- Spätschicht ☐
- Teilschicht ☐
- Nachtschicht ☐
- Urlaub ☐
- Krank ☐

Stunden ☐
Überstunden ☐

Dienstag: Arbeitszeit: von ____ bis ____

- Frühschicht ☐
- Spätschicht ☐
- Teilschicht ☐
- Nachtschicht ☐
- Urlaub ☐
- Krank ☐

Stunden ☐
Überstunden ☐

Mittwoch: Arbeitszeit: von ____ bis ____

- Frühschicht ☐
- Spätschicht ☐
- Teilschicht ☐
- Nachtschicht ☐
- Urlaub ☐
- Krank ☐

Stunden ☐
Überstunden ☐

Donnerstag: Arbeitszeit: von ____ bis ____

- Frühschicht ☐
- Spätschicht ☐
- Teilschicht ☐
- Nachtschicht ☐
- Urlaub ☐
- Krank ☐

Stunden ☐
Überstunden ☐

Freitag:	Arbeitszeit: von	bis
Frühschicht ☐ Spätschicht ☐		Stunden ☐
Teilschicht ☐ Nachtschicht ☐		Überstunden ☐
Urlaub ☐ Krank ☐		

Samstag:	Arbeitszeit: von	bis
Frühschicht ☐ Spätschicht ☐		Stunden ☐
Teilschicht ☐ Nachtschicht ☐		Überstunden ☐
Urlaub ☐ Krank ☐		

Sonntag:	Arbeitszeit: von	bis
Frühschicht ☐ Spätschicht ☐		Stunden ☐
Teilschicht ☐ Nachtschicht ☐		Überstunden ☐
Urlaub ☐ Krank ☐		

Gesamtstunden ☐

Meine Woche

Montag: Arbeitszeit: von ___ bis ___
- Frühschicht ☐
- Spätschicht ☐
- Teilschicht ☐
- Nachtschicht ☐
- Urlaub ☐
- Krank ☐

Stunden ☐
Überstunden ☐

Dienstag: Arbeitszeit: von ___ bis ___
- Frühschicht ☐
- Spätschicht ☐
- Teilschicht ☐
- Nachtschicht ☐
- Urlaub ☐
- Krank ☐

Stunden ☐
Überstunden ☐

Mittwoch: Arbeitszeit: von ___ bis ___
- Frühschicht ☐
- Spätschicht ☐
- Teilschicht ☐
- Nachtschicht ☐
- Urlaub ☐
- Krank ☐

Stunden ☐
Überstunden ☐

Donnerstag: Arbeitszeit: von ___ bis ___
- Frühschicht ☐
- Spätschicht ☐
- Teilschicht ☐
- Nachtschicht ☐
- Urlaub ☐
- Krank ☐

Stunden ☐
Überstunden ☐

Freitag: Arbeitszeit: von ____ bis ____

- Frühschicht ☐
- Spätschicht ☐
- Teilschicht ☐
- Nachtschicht ☐
- Urlaub ☐
- Krank ☐

Stunden ☐
Überstunden ☐

Samstag: Arbeitszeit: von ____ bis ____

- Frühschicht ☐
- Spätschicht ☐
- Teilschicht ☐
- Nachtschicht ☐
- Urlaub ☐
- Krank ☐

Stunden ☐
Überstunden ☐

Sonntag: Arbeitszeit: von ____ bis ____

- Frühschicht ☐
- Spätschicht ☐
- Teilschicht ☐
- Nachtschicht ☐
- Urlaub ☐
- Krank ☐

Stunden ☐
Überstunden ☐

Gesamtstunden ☐

Meine Woche

Montag: Arbeitszeit: von ___ bis ___
- Frühschicht ☐   Spätschicht ☐
- Teilschicht ☐   Nachtschicht ☐
- Urlaub ☐   Krank ☐

Stunden ☐
Überstunden ☐

Dienstag: Arbeitszeit: von ___ bis ___
- Frühschicht ☐   Spätschicht ☐
- Teilschicht ☐   Nachtschicht ☐
- Urlaub ☐   Krank ☐

Stunden ☐
Überstunden ☐

Mittwoch: Arbeitszeit: von ___ bis ___
- Frühschicht ☐   Spätschicht ☐
- Teilschicht ☐   Nachtschicht ☐
- Urlaub ☐   Krank ☐

Stunden ☐
Überstunden ☐

Donnerstag: Arbeitszeit: von ___ bis ___
- Frühschicht ☐   Spätschicht ☐
- Teilschicht ☐   Nachtschicht ☐
- Urlaub ☐   Krank ☐

Stunden ☐
Überstunden ☐

Freitag: Arbeitszeit: von   bis

- Frühschicht ☐
- Spätschicht ☐
- Teilschicht ☐
- Nachtschicht ☐
- Urlaub ☐
- Krank ☐

Stunden ☐
Überstunden ☐

Samstag: Arbeitszeit: von   bis

- Frühschicht ☐
- Spätschicht ☐
- Teilschicht ☐
- Nachtschicht ☐
- Urlaub ☐
- Krank ☐

Stunden ☐
Überstunden ☐

Sonntag: Arbeitszeit: von   bis

- Frühschicht ☐
- Spätschicht ☐
- Teilschicht ☐
- Nachtschicht ☐
- Urlaub ☐
- Krank ☐

Stunden ☐
Überstunden ☐

Gesamtstunden ☐

Meine Woche

Montag: Arbeitszeit: von ____ bis ____

- Frühschicht ☐
- Spätschicht ☐
- Teilschicht ☐
- Nachtschicht ☐
- Urlaub ☐
- Krank ☐

Stunden ☐
Überstunden ☐

Dienstag: Arbeitszeit: von ____ bis ____

- Frühschicht ☐
- Spätschicht ☐
- Teilschicht ☐
- Nachtschicht ☐
- Urlaub ☐
- Krank ☐

Stunden ☐
Überstunden ☐

Mittwoch: Arbeitszeit: von ____ bis ____

- Frühschicht ☐
- Spätschicht ☐
- Teilschicht ☐
- Nachtschicht ☐
- Urlaub ☐
- Krank ☐

Stunden ☐
Überstunden ☐

Donnerstag: Arbeitszeit: von ____ bis ____

- Frühschicht ☐
- Spätschicht ☐
- Teilschicht ☐
- Nachtschicht ☐
- Urlaub ☐
- Krank ☐

Stunden ☐
Überstunden ☐

Freitag: Arbeitszeit: von ____ bis ____

- [ ] Frühschicht
- [ ] Spätschicht
- [ ] Teilschicht
- [ ] Nachtschicht
- [ ] Urlaub
- [ ] Krank

Stunden [ ]
Überstunden [ ]

Samstag: Arbeitszeit: von ____ bis ____

- [ ] Frühschicht
- [ ] Spätschicht
- [ ] Teilschicht
- [ ] Nachtschicht
- [ ] Urlaub
- [ ] Krank

Stunden [ ]
Überstunden [ ]

Sonntag: Arbeitszeit: von ____ bis ____

- [ ] Frühschicht
- [ ] Spätschicht
- [ ] Teilschicht
- [ ] Nachtschicht
- [ ] Urlaub
- [ ] Krank

Stunden [ ]
Überstunden [ ]

Gesamtstunden [ ]

Meine Woche

Montag: Arbeitszeit: von   bis

- Frühschicht ☐
- Spätschicht ☐
- Teilschicht ☐
- Nachtschicht ☐
- Urlaub ☐
- Krank ☐

Stunden ☐
Überstunden ☐

Dienstag: Arbeitszeit: von   bis

- Frühschicht ☐
- Spätschicht ☐
- Teilschicht ☐
- Nachtschicht ☐
- Urlaub ☐
- Krank ☐

Stunden ☐
Überstunden ☐

Mittwoch: Arbeitszeit: von   bis

- Frühschicht ☐
- Spätschicht ☐
- Teilschicht ☐
- Nachtschicht ☐
- Urlaub ☐
- Krank ☐

Stunden ☐
Überstunden ☐

Donnerstag: Arbeitszeit: von   bis

- Frühschicht ☐
- Spätschicht ☐
- Teilschicht ☐
- Nachtschicht ☐
- Urlaub ☐
- Krank ☐

Stunden ☐
Überstunden ☐

Freitag: Arbeitszeit: von ____ bis ____

- Frühschicht ☐
- Spätschicht ☐
- Teilschicht ☐
- Nachtschicht ☐
- Urlaub ☐
- Krank ☐

Stunden ☐
Überstunden ☐

Samstag: Arbeitszeit: von ____ bis ____

- Frühschicht ☐
- Spätschicht ☐
- Teilschicht ☐
- Nachtschicht ☐
- Urlaub ☐
- Krank ☐

Stunden ☐
Überstunden ☐

Sonntag: Arbeitszeit: von ____ bis ____

- Frühschicht ☐
- Spätschicht ☐
- Teilschicht ☐
- Nachtschicht ☐
- Urlaub ☐
- Krank ☐

Stunden ☐
Überstunden ☐

Gesamtstunden ☐

Monatsüberblick

Gesamtstunden	

Überstunden	

Arbeitstage gesamt	

Freie Tage	

Krank Tage	

Urlaubstage	

Wichtige Termine

Monat: _____

Datum: | Termin:

Meine Woche

Montag: Arbeitszeit: von ___ bis ___

- Frühschicht ☐
- Spätschicht ☐
- Teilschicht ☐
- Nachtschicht ☐
- Urlaub ☐
- Krank ☐

Stunden ☐
Überstunden ☐

Dienstag: Arbeitszeit: von ___ bis ___

- Frühschicht ☐
- Spätschicht ☐
- Teilschicht ☐
- Nachtschicht ☐
- Urlaub ☐
- Krank ☐

Stunden ☐
Überstunden ☐

Mittwoch: Arbeitszeit: von ___ bis ___

- Frühschicht ☐
- Spätschicht ☐
- Teilschicht ☐
- Nachtschicht ☐
- Urlaub ☐
- Krank ☐

Stunden ☐
Überstunden ☐

Donnerstag: Arbeitszeit: von ___ bis ___

- Frühschicht ☐
- Spätschicht ☐
- Teilschicht ☐
- Nachtschicht ☐
- Urlaub ☐
- Krank ☐

Stunden ☐
Überstunden ☐

Freitag: Arbeitszeit: von ___ bis ___

- Frühschicht ☐
- Spätschicht ☐
- Teilschicht ☐
- Nachtschicht ☐
- Urlaub ☐
- Krank ☐

Stunden ☐
Überstunden ☐

Samstag: Arbeitszeit: von ___ bis ___

- Frühschicht ☐
- Spätschicht ☐
- Teilschicht ☐
- Nachtschicht ☐
- Urlaub ☐
- Krank ☐

Stunden ☐
Überstunden ☐

Sonntag: Arbeitszeit: von ___ bis ___

- Frühschicht ☐
- Spätschicht ☐
- Teilschicht ☐
- Nachtschicht ☐
- Urlaub ☐
- Krank ☐

Stunden ☐
Überstunden ☐

Gesamtstunden ☐

Meine Woche

Montag: Arbeitszeit: von ___ bis ___

- Frühschicht ☐
- Spätschicht ☐
- Teilschicht ☐
- Nachtschicht ☐
- Urlaub ☐
- Krank ☐

Stunden ☐
Überstunden ☐

Dienstag: Arbeitszeit: von ___ bis ___

- Frühschicht ☐
- Spätschicht ☐
- Teilschicht ☐
- Nachtschicht ☐
- Urlaub ☐
- Krank ☐

Stunden ☐
Überstunden ☐

Mittwoch: Arbeitszeit: von ___ bis ___

- Frühschicht ☐
- Spätschicht ☐
- Teilschicht ☐
- Nachtschicht ☐
- Urlaub ☐
- Krank ☐

Stunden ☐
Überstunden ☐

Donnerstag: Arbeitszeit: von ___ bis ___

- Frühschicht ☐
- Spätschicht ☐
- Teilschicht ☐
- Nachtschicht ☐
- Urlaub ☐
- Krank ☐

Stunden ☐
Überstunden ☐

Freitag:	Arbeitszeit: von	bis
Frühschicht ☐ Spätschicht ☐		Stunden ☐
Teilschicht ☐ Nachtschicht ☐		Überstunden ☐
Urlaub ☐ Krank ☐		

Samstag:	Arbeitszeit: von	bis
Frühschicht ☐ Spätschicht ☐		Stunden ☐
Teilschicht ☐ Nachtschicht ☐		Überstunden ☐
Urlaub ☐ Krank ☐		

Sonntag:	Arbeitszeit: von	bis
Frühschicht ☐ Spätschicht ☐		Stunden ☐
Teilschicht ☐ Nachtschicht ☐		Überstunden ☐
Urlaub ☐ Krank ☐		

Gesamtstunden ☐

Meine Woche

Montag: Arbeitszeit: von bis

- Frühschicht
- Spätschicht
- Teilschicht
- Nachtschicht
- Urlaub
- Krank

Stunden
Überstunden

Dienstag: Arbeitszeit: von bis

- Frühschicht
- Spätschicht
- Teilschicht
- Nachtschicht
- Urlaub
- Krank

Stunden
Überstunden

Mittwoch: Arbeitszeit: von bis

- Frühschicht
- Spätschicht
- Teilschicht
- Nachtschicht
- Urlaub
- Krank

Stunden
Überstunden

Donnerstag: Arbeitszeit: von bis

- Frühschicht
- Spätschicht
- Teilschicht
- Nachtschicht
- Urlaub
- Krank

Stunden
Überstunden

Freitag: Arbeitszeit: von ___ bis ___

- Frühschicht ☐
- Spätschicht ☐
- Teilschicht ☐
- Nachtschicht ☐
- Urlaub ☐
- Krank ☐

Stunden ☐
Überstunden ☐

Samstag: Arbeitszeit: von ___ bis ___

- Frühschicht ☐
- Spätschicht ☐
- Teilschicht ☐
- Nachtschicht ☐
- Urlaub ☐
- Krank ☐

Stunden ☐
Überstunden ☐

Sonntag: Arbeitszeit: von ___ bis ___

- Frühschicht ☐
- Spätschicht ☐
- Teilschicht ☐
- Nachtschicht ☐
- Urlaub ☐
- Krank ☐

Stunden ☐
Überstunden ☐

Gesamtstunden ☐

Meine Woche

Montag: Arbeitszeit: von   bis

- Frühschicht ☐
- Spätschicht ☐
- Teilschicht ☐
- Nachtschicht ☐
- Urlaub ☐
- Krank ☐

Stunden ☐
Überstunden ☐

Dienstag: Arbeitszeit: von   bis

- Frühschicht ☐
- Spätschicht ☐
- Teilschicht ☐
- Nachtschicht ☐
- Urlaub ☐
- Krank ☐

Stunden ☐
Überstunden ☐

Mittwoch: Arbeitszeit: von   bis

- Frühschicht ☐
- Spätschicht ☐
- Teilschicht ☐
- Nachtschicht ☐
- Urlaub ☐
- Krank ☐

Stunden ☐
Überstunden ☐

Donnerstag: Arbeitszeit: von   bis

- Frühschicht ☐
- Spätschicht ☐
- Teilschicht ☐
- Nachtschicht ☐
- Urlaub ☐
- Krank ☐

Stunden ☐
Überstunden ☐

Freitag:	Arbeitszeit: von	bis
Frühschicht ☐ Spätschicht ☐	Stunden ☐	
Teilschicht ☐ Nachtschicht ☐	Überstunden ☐	
Urlaub ☐ Krank ☐		

Samstag:	Arbeitszeit: von	bis
Frühschicht ☐ Spätschicht ☐	Stunden ☐	
Teilschicht ☐ Nachtschicht ☐	Überstunden ☐	
Urlaub ☐ Krank ☐		

Sonntag:	Arbeitszeit: von	bis
Frühschicht ☐ Spätschicht ☐	Stunden ☐	
Teilschicht ☐ Nachtschicht ☐	Überstunden ☐	
Urlaub ☐ Krank ☐		

Gesamtstunden ☐

Meine Woche

Montag: Arbeitszeit: von ___ bis ___
- Frühschicht ☐ Spätschicht ☐
- Teilschicht ☐ Nachtschicht ☐
- Urlaub ☐ Krank ☐

Stunden ☐
Überstunden ☐

Dienstag: Arbeitszeit: von ___ bis ___
- Frühschicht ☐ Spätschicht ☐
- Teilschicht ☐ Nachtschicht ☐
- Urlaub ☐ Krank ☐

Stunden ☐
Überstunden ☐

Mittwoch: Arbeitszeit: von ___ bis ___
- Frühschicht ☐ Spätschicht ☐
- Teilschicht ☐ Nachtschicht ☐
- Urlaub ☐ Krank ☐

Stunden ☐
Überstunden ☐

Donnerstag: Arbeitszeit: von ___ bis ___
- Frühschicht ☐ Spätschicht ☐
- Teilschicht ☐ Nachtschicht ☐
- Urlaub ☐ Krank ☐

Stunden ☐
Überstunden ☐

Freitag: Arbeitszeit: von ___ bis ___

- Frühschicht ☐
- Teilschicht ☐
- Urlaub ☐
- Spätschicht ☐
- Nachtschicht ☐
- Krank ☐

Stunden ☐
Überstunden ☐

Samstag: Arbeitszeit: von ___ bis ___

- Frühschicht ☐
- Teilschicht ☐
- Urlaub ☐
- Spätschicht ☐
- Nachtschicht ☐
- Krank ☐

Stunden ☐
Überstunden ☐

Sonntag: Arbeitszeit: von ___ bis ___

- Frühschicht ☐
- Teilschicht ☐
- Urlaub ☐
- Spätschicht ☐
- Nachtschicht ☐
- Krank ☐

Stunden ☐
Überstunden ☐

Gesamtstunden ☐

Monatsüberblick

Gesamtstunden	
Überstunden	
Arbeitstage gesamt	
Freie Tage	
Krank Tage	
Urlaubstage	

Wichtige Termine

Monat: _____

Datum:	Termin:

Meine Woche

Montag: Arbeitszeit: von   bis

- Frühschicht ☐
- Spätschicht ☐
- Teilschicht ☐
- Nachtschicht ☐
- Urlaub ☐
- Krank ☐

Stunden ☐
Überstunden ☐

Dienstag: Arbeitszeit: von   bis

- Frühschicht ☐
- Spätschicht ☐
- Teilschicht ☐
- Nachtschicht ☐
- Urlaub ☐
- Krank ☐

Stunden ☐
Überstunden ☐

Mittwoch: Arbeitszeit: von   bis

- Frühschicht ☐
- Spätschicht ☐
- Teilschicht ☐
- Nachtschicht ☐
- Urlaub ☐
- Krank ☐

Stunden ☐
Überstunden ☐

Donnerstag: Arbeitszeit: von   bis

- Frühschicht ☐
- Spätschicht ☐
- Teilschicht ☐
- Nachtschicht ☐
- Urlaub ☐
- Krank ☐

Stunden ☐
Überstunden ☐

Freitag:	Arbeitszeit: von	bis
Frühschicht ☐ Spätschicht ☐		Stunden ☐
Teilschicht ☐ Nachtschicht ☐		Überstunden ☐
Urlaub ☐ Krank ☐		

Samstag:	Arbeitszeit: von	bis
Frühschicht ☐ Spätschicht ☐		Stunden ☐
Teilschicht ☐ Nachtschicht ☐		Überstunden ☐
Urlaub ☐ Krank ☐		

Sonntag:	Arbeitszeit: von	bis
Frühschicht ☐ Spätschicht ☐		Stunden ☐
Teilschicht ☐ Nachtschicht ☐		Überstunden ☐
Urlaub ☐ Krank ☐		

Gesamtstunden ☐

Meine Woche

Montag: Arbeitszeit: von   bis

- Frühschicht ☐
- Spätschicht ☐
- Teilschicht ☐
- Nachtschicht ☐
- Urlaub ☐
- Krank ☐

Stunden ☐
Überstunden ☐

Dienstag: Arbeitszeit: von   bis

- Frühschicht ☐
- Spätschicht ☐
- Teilschicht ☐
- Nachtschicht ☐
- Urlaub ☐
- Krank ☐

Stunden ☐
Überstunden ☐

Mittwoch: Arbeitszeit: von   bis

- Frühschicht ☐
- Spätschicht ☐
- Teilschicht ☐
- Nachtschicht ☐
- Urlaub ☐
- Krank ☐

Stunden ☐
Überstunden ☐

Donnerstag: Arbeitszeit: von   bis

- Frühschicht ☐
- Spätschicht ☐
- Teilschicht ☐
- Nachtschicht ☐
- Urlaub ☐
- Krank ☐

Stunden ☐
Überstunden ☐

Freitag:	Arbeitszeit: von	bis
Frühschicht ☐ Spätschicht ☐		Stunden ☐
Teilschicht ☐ Nachtschicht ☐		Überstunden ☐
Urlaub ☐ Krank ☐		

Samstag:	Arbeitszeit: von	bis
Frühschicht ☐ Spätschicht ☐		Stunden ☐
Teilschicht ☐ Nachtschicht ☐		Überstunden ☐
Urlaub ☐ Krank ☐		

Sonntag:	Arbeitszeit: von	bis
Frühschicht ☐ Spätschicht ☐		Stunden ☐
Teilschicht ☐ Nachtschicht ☐		Überstunden ☐
Urlaub ☐ Krank ☐		

Gesamtstunden ☐

Meine Woche

Montag: Arbeitszeit: von ___ bis ___
- Frühschicht ☐
- Spätschicht ☐
- Teilschicht ☐
- Nachtschicht ☐
- Urlaub ☐
- Krank ☐
- Stunden ☐
- Überstunden ☐

Dienstag: Arbeitszeit: von ___ bis ___
- Frühschicht ☐
- Spätschicht ☐
- Teilschicht ☐
- Nachtschicht ☐
- Urlaub ☐
- Krank ☐
- Stunden ☐
- Überstunden ☐

Mittwoch: Arbeitszeit: von ___ bis ___
- Frühschicht ☐
- Spätschicht ☐
- Teilschicht ☐
- Nachtschicht ☐
- Urlaub ☐
- Krank ☐
- Stunden ☐
- Überstunden ☐

Donnerstag: Arbeitszeit: von ___ bis ___
- Frühschicht ☐
- Spätschicht ☐
- Teilschicht ☐
- Nachtschicht ☐
- Urlaub ☐
- Krank ☐
- Stunden ☐
- Überstunden ☐

Freitag: Arbeitszeit: von ___ bis ___

- Frühschicht ☐
- Spätschicht ☐
- Teilschicht ☐
- Nachtschicht ☐
- Urlaub ☐
- Krank ☐

Stunden ☐
Überstunden ☐

Samstag: Arbeitszeit: von ___ bis ___

- Frühschicht ☐
- Spätschicht ☐
- Teilschicht ☐
- Nachtschicht ☐
- Urlaub ☐
- Krank ☐

Stunden ☐
Überstunden ☐

Sonntag: Arbeitszeit: von ___ bis ___

- Frühschicht ☐
- Spätschicht ☐
- Teilschicht ☐
- Nachtschicht ☐
- Urlaub ☐
- Krank ☐

Stunden ☐
Überstunden ☐

Gesamtstunden ☐

Meine Woche

Montag: Arbeitszeit: von ___ bis ___

- Frühschicht ☐
- Spätschicht ☐
- Teilschicht ☐
- Nachtschicht ☐
- Urlaub ☐
- Krank ☐

Stunden ☐
Überstunden ☐

Dienstag: Arbeitszeit: von ___ bis ___

- Frühschicht ☐
- Spätschicht ☐
- Teilschicht ☐
- Nachtschicht ☐
- Urlaub ☐
- Krank ☐

Stunden ☐
Überstunden ☐

Mittwoch: Arbeitszeit: von ___ bis ___

- Frühschicht ☐
- Spätschicht ☐
- Teilschicht ☐
- Nachtschicht ☐
- Urlaub ☐
- Krank ☐

Stunden ☐
Überstunden ☐

Donnerstag: Arbeitszeit: von ___ bis ___

- Frühschicht ☐
- Spätschicht ☐
- Teilschicht ☐
- Nachtschicht ☐
- Urlaub ☐
- Krank ☐

Stunden ☐
Überstunden ☐

Freitag:	Arbeitszeit: von	bis
Frühschicht ☐	Spätschicht ☐	Stunden ☐
Teilschicht ☐	Nachtschicht ☐	Überstunden ☐
Urlaub ☐	Krank ☐	

Samstag:	Arbeitszeit: von	bis
Frühschicht ☐	Spätschicht ☐	Stunden ☐
Teilschicht ☐	Nachtschicht ☐	Überstunden ☐
Urlaub ☐	Krank ☐	

Sonntag:	Arbeitszeit: von	bis
Frühschicht ☐	Spätschicht ☐	Stunden ☐
Teilschicht ☐	Nachtschicht ☐	Überstunden ☐
Urlaub ☐	Krank ☐	

Gesamtstunden ☐

Meine Woche

Montag: Arbeitszeit: von ___ bis ___

- Frühschicht ☐
- Spätschicht ☐
- Teilschicht ☐
- Nachtschicht ☐
- Urlaub ☐
- Krank ☐

Stunden ☐
Überstunden ☐

Dienstag: Arbeitszeit: von ___ bis ___

- Frühschicht ☐
- Spätschicht ☐
- Teilschicht ☐
- Nachtschicht ☐
- Urlaub ☐
- Krank ☐

Stunden ☐
Überstunden ☐

Mittwoch: Arbeitszeit: von ___ bis ___

- Frühschicht ☐
- Spätschicht ☐
- Teilschicht ☐
- Nachtschicht ☐
- Urlaub ☐
- Krank ☐

Stunden ☐
Überstunden ☐

Donnerstag: Arbeitszeit: von ___ bis ___

- Frühschicht ☐
- Spätschicht ☐
- Teilschicht ☐
- Nachtschicht ☐
- Urlaub ☐
- Krank ☐

Stunden ☐
Überstunden ☐

Freitag:	Arbeitszeit: von ___ bis ___
Frühschicht ☐ Spätschicht ☐	Stunden ☐
Teilschicht ☐ Nachtschicht ☐	Überstunden ☐
Urlaub ☐ Krank ☐	

Samstag:	Arbeitszeit: von ___ bis ___
Frühschicht ☐ Spätschicht ☐	Stunden ☐
Teilschicht ☐ Nachtschicht ☐	Überstunden ☐
Urlaub ☐ Krank ☐	

Sonntag:	Arbeitszeit: von ___ bis ___
Frühschicht ☐ Spätschicht ☐	Stunden ☐
Teilschicht ☐ Nachtschicht ☐	Überstunden ☐
Urlaub ☐ Krank ☐	

Gesamtstunden ☐

Monatsüberblick

Gesamtstunden	

Überstunden	

Arbeitstage gesamt	

Freie Tage	

Krank Tage	

Urlaubstage	

Wichtige Termine

Monat: _____

Datum: | Termin:

Meine Woche

Montag: Arbeitszeit: von ___ bis ___
- Frühschicht ☐
- Spätschicht ☐
- Teilschicht ☐
- Nachtschicht ☐
- Urlaub ☐
- Krank ☐

Stunden ☐
Überstunden ☐

Dienstag: Arbeitszeit: von ___ bis ___
- Frühschicht ☐
- Spätschicht ☐
- Teilschicht ☐
- Nachtschicht ☐
- Urlaub ☐
- Krank ☐

Stunden ☐
Überstunden ☐

Mittwoch: Arbeitszeit: von ___ bis ___
- Frühschicht ☐
- Spätschicht ☐
- Teilschicht ☐
- Nachtschicht ☐
- Urlaub ☐
- Krank ☐

Stunden ☐
Überstunden ☐

Donnerstag: Arbeitszeit: von ___ bis ___
- Frühschicht ☐
- Spätschicht ☐
- Teilschicht ☐
- Nachtschicht ☐
- Urlaub ☐
- Krank ☐

Stunden ☐
Überstunden ☐

Freitag: Arbeitszeit: von ___ bis ___

- Frühschicht ☐
- Spätschicht ☐
- Teilschicht ☐
- Nachtschicht ☐
- Urlaub ☐
- Krank ☐

Stunden ☐
Überstunden ☐

Samstag: Arbeitszeit: von ___ bis ___

- Frühschicht ☐
- Spätschicht ☐
- Teilschicht ☐
- Nachtschicht ☐
- Urlaub ☐
- Krank ☐

Stunden ☐
Überstunden ☐

Sonntag: Arbeitszeit: von ___ bis ___

- Frühschicht ☐
- Spätschicht ☐
- Teilschicht ☐
- Nachtschicht ☐
- Urlaub ☐
- Krank ☐

Stunden ☐
Überstunden ☐

Gesamtstunden ☐

Meine Woche

Montag: Arbeitszeit: von ___ bis ___

- Frühschicht ☐
- Spätschicht ☐
- Teilschicht ☐
- Nachtschicht ☐
- Urlaub ☐
- Krank ☐

Stunden ☐
Überstunden ☐

Dienstag: Arbeitszeit: von ___ bis ___

- Frühschicht ☐
- Spätschicht ☐
- Teilschicht ☐
- Nachtschicht ☐
- Urlaub ☐
- Krank ☐

Stunden ☐
Überstunden ☐

Mittwoch: Arbeitszeit: von ___ bis ___

- Frühschicht ☐
- Spätschicht ☐
- Teilschicht ☐
- Nachtschicht ☐
- Urlaub ☐
- Krank ☐

Stunden ☐
Überstunden ☐

Donnerstag: Arbeitszeit: von ___ bis ___

- Frühschicht ☐
- Spätschicht ☐
- Teilschicht ☐
- Nachtschicht ☐
- Urlaub ☐
- Krank ☐

Stunden ☐
Überstunden ☐

Freitag:	Arbeitszeit: von	bis
Frühschicht ☐ Spätschicht ☐	Stunden ☐	
Teilschicht ☐ Nachtschicht ☐	Überstunden ☐	
Urlaub ☐ Krank ☐		

Samstag:	Arbeitszeit: von	bis
Frühschicht ☐ Spätschicht ☐	Stunden ☐	
Teilschicht ☐ Nachtschicht ☐	Überstunden ☐	
Urlaub ☐ Krank ☐		

Sonntag:	Arbeitszeit: von	bis
Frühschicht ☐ Spätschicht ☐	Stunden ☐	
Teilschicht ☐ Nachtschicht ☐	Überstunden ☐	
Urlaub ☐ Krank ☐		

Gesamtstunden ☐

Meine Woche

Montag: Arbeitszeit: von ___ bis ___

- Frühschicht ☐
- Spätschicht ☐
- Teilschicht ☐
- Nachtschicht ☐
- Urlaub ☐
- Krank ☐

Stunden ☐
Überstunden ☐

Dienstag: Arbeitszeit: von ___ bis ___

- Frühschicht ☐
- Spätschicht ☐
- Teilschicht ☐
- Nachtschicht ☐
- Urlaub ☐
- Krank ☐

Stunden ☐
Überstunden ☐

Mittwoch: Arbeitszeit: von ___ bis ___

- Frühschicht ☐
- Spätschicht ☐
- Teilschicht ☐
- Nachtschicht ☐
- Urlaub ☐
- Krank ☐

Stunden ☐
Überstunden ☐

Donnerstag: Arbeitszeit: von ___ bis ___

- Frühschicht ☐
- Spätschicht ☐
- Teilschicht ☐
- Nachtschicht ☐
- Urlaub ☐
- Krank ☐

Stunden ☐
Überstunden ☐

Freitag: Arbeitszeit: von ___ bis ___

- Frühschicht ☐
- Spätschicht ☐
- Teilschicht ☐
- Nachtschicht ☐
- Urlaub ☐
- Krank ☐

Stunden ☐
Überstunden ☐

Samstag: Arbeitszeit: von ___ bis ___

- Frühschicht ☐
- Spätschicht ☐
- Teilschicht ☐
- Nachtschicht ☐
- Urlaub ☐
- Krank ☐

Stunden ☐
Überstunden ☐

Sonntag: Arbeitszeit: von ___ bis ___

- Frühschicht ☐
- Spätschicht ☐
- Teilschicht ☐
- Nachtschicht ☐
- Urlaub ☐
- Krank ☐

Stunden ☐
Überstunden ☐

Gesamtstunden ☐

Meine Woche

Montag: Arbeitszeit: von ___ bis ___

- Frühschicht ☐
- Spätschicht ☐
- Teilschicht ☐
- Nachtschicht ☐
- Urlaub ☐
- Krank ☐

Stunden ☐
Überstunden ☐

Dienstag: Arbeitszeit: von ___ bis ___

- Frühschicht ☐
- Spätschicht ☐
- Teilschicht ☐
- Nachtschicht ☐
- Urlaub ☐
- Krank ☐

Stunden ☐
Überstunden ☐

Mittwoch: Arbeitszeit: von ___ bis ___

- Frühschicht ☐
- Spätschicht ☐
- Teilschicht ☐
- Nachtschicht ☐
- Urlaub ☐
- Krank ☐

Stunden ☐
Überstunden ☐

Donnerstag: Arbeitszeit: von ___ bis ___

- Frühschicht ☐
- Spätschicht ☐
- Teilschicht ☐
- Nachtschicht ☐
- Urlaub ☐
- Krank ☐

Stunden ☐
Überstunden ☐

Freitag:	Arbeitszeit: von	bis
Frühschicht ☐ Spätschicht ☐		Stunden ☐
Teilschicht ☐ Nachtschicht ☐		Überstunden ☐
Urlaub ☐ Krank ☐		

Samstag:	Arbeitszeit: von	bis
Frühschicht ☐ Spätschicht ☐		Stunden ☐
Teilschicht ☐ Nachtschicht ☐		Überstunden ☐
Urlaub ☐ Krank ☐		

Sonntag:	Arbeitszeit: von	bis
Frühschicht ☐ Spätschicht ☐		Stunden ☐
Teilschicht ☐ Nachtschicht ☐		Überstunden ☐
Urlaub ☐ Krank ☐		

Gesamtstunden ☐

Meine Woche

Montag: Arbeitszeit: von ___ bis ___
- Frühschicht ☐
- Spätschicht ☐
- Teilschicht ☐
- Nachtschicht ☐
- Urlaub ☐
- Krank ☐
- Stunden ☐
- Überstunden ☐

Dienstag: Arbeitszeit: von ___ bis ___
- Frühschicht ☐
- Spätschicht ☐
- Teilschicht ☐
- Nachtschicht ☐
- Urlaub ☐
- Krank ☐
- Stunden ☐
- Überstunden ☐

Mittwoch: Arbeitszeit: von ___ bis ___
- Frühschicht ☐
- Spätschicht ☐
- Teilschicht ☐
- Nachtschicht ☐
- Urlaub ☐
- Krank ☐
- Stunden ☐
- Überstunden ☐

Donnerstag: Arbeitszeit: von ___ bis ___
- Frühschicht ☐
- Spätschicht ☐
- Teilschicht ☐
- Nachtschicht ☐
- Urlaub ☐
- Krank ☐
- Stunden ☐
- Überstunden ☐

Freitag:	Arbeitszeit: von ___ bis ___

- Frühschicht ☐ Spätschicht ☐
- Teilschicht ☐ Nachtschicht ☐
- Urlaub ☐ Krank ☐

Stunden ☐
Überstunden ☐

Samstag:	Arbeitszeit: von ___ bis ___

- Frühschicht ☐ Spätschicht ☐
- Teilschicht ☐ Nachtschicht ☐
- Urlaub ☐ Krank ☐

Stunden ☐
Überstunden ☐

Sonntag:	Arbeitszeit: von ___ bis ___

- Frühschicht ☐ Spätschicht ☐
- Teilschicht ☐ Nachtschicht ☐
- Urlaub ☐ Krank ☐

Stunden ☐
Überstunden ☐

Gesamtstunden ☐

Monatsüberblick

Gesamtstunden	
Überstunden	
Arbeitstage gesamt	
Freie Tage	
Krank Tage	
Urlaubstage	

Wichtige Termine

Monat:

Datum: | Termin:

Meine Woche

Montag: Arbeitszeit: von   bis

- Frühschicht ☐
- Spätschicht ☐
- Teilschicht ☐
- Nachtschicht ☐
- Urlaub ☐
- Krank ☐

Stunden ☐
Überstunden ☐

Dienstag: Arbeitszeit: von   bis

- Frühschicht ☐
- Spätschicht ☐
- Teilschicht ☐
- Nachtschicht ☐
- Urlaub ☐
- Krank ☐

Stunden ☐
Überstunden ☐

Mittwoch: Arbeitszeit: von   bis

- Frühschicht ☐
- Spätschicht ☐
- Teilschicht ☐
- Nachtschicht ☐
- Urlaub ☐
- Krank ☐

Stunden ☐
Überstunden ☐

Donnerstag: Arbeitszeit: von   bis

- Frühschicht ☐
- Spätschicht ☐
- Teilschicht ☐
- Nachtschicht ☐
- Urlaub ☐
- Krank ☐

Stunden ☐
Überstunden ☐

Freitag:	Arbeitszeit: von	bis
Frühschicht ☐	Spätschicht ☐	Stunden ☐
Teilschicht ☐	Nachtschicht ☐	Überstunden ☐
Urlaub ☐	Krank ☐	

Samstag:	Arbeitszeit: von	bis
Frühschicht ☐	Spätschicht ☐	Stunden ☐
Teilschicht ☐	Nachtschicht ☐	Überstunden ☐
Urlaub ☐	Krank ☐	

Sonntag:	Arbeitszeit: von	bis
Frühschicht ☐	Spätschicht ☐	Stunden ☐
Teilschicht ☐	Nachtschicht ☐	Überstunden ☐
Urlaub ☐	Krank ☐	

Gesamtstunden ☐

Meine Woche

Montag: Arbeitszeit: von   bis

- Frühschicht
- Spätschicht
- Teilschicht
- Nachtschicht
- Urlaub
- Krank

Stunden
Überstunden

Dienstag: Arbeitszeit: von   bis

- Frühschicht
- Spätschicht
- Teilschicht
- Nachtschicht
- Urlaub
- Krank

Stunden
Überstunden

Mittwoch: Arbeitszeit: von   bis

- Frühschicht
- Spätschicht
- Teilschicht
- Nachtschicht
- Urlaub
- Krank

Stunden
Überstunden

Donnerstag: Arbeitszeit: von   bis

- Frühschicht
- Spätschicht
- Teilschicht
- Nachtschicht
- Urlaub
- Krank

Stunden
Überstunden

Freitag:	Arbeitszeit: von	bis
Frühschicht ☐ Spätschicht ☐		Stunden ☐
Teilschicht ☐ Nachtschicht ☐		Überstunden ☐
Urlaub ☐ Krank ☐		

Samstag:	Arbeitszeit: von	bis
Frühschicht ☐ Spätschicht ☐		Stunden ☐
Teilschicht ☐ Nachtschicht ☐		Überstunden ☐
Urlaub ☐ Krank ☐		

Sonntag:	Arbeitszeit: von	bis
Frühschicht ☐ Spätschicht ☐		Stunden ☐
Teilschicht ☐ Nachtschicht ☐		Überstunden ☐
Urlaub ☐ Krank ☐		

Gesamtstunden ☐

Meine Woche

Montag: Arbeitszeit: von ___ bis ___

- Frühschicht ☐
- Spätschicht ☐
- Teilschicht ☐
- Nachtschicht ☐
- Urlaub ☐
- Krank ☐

Stunden ☐
Überstunden ☐

Dienstag: Arbeitszeit: von ___ bis ___

- Frühschicht ☐
- Spätschicht ☐
- Teilschicht ☐
- Nachtschicht ☐
- Urlaub ☐
- Krank ☐

Stunden ☐
Überstunden ☐

Mittwoch: Arbeitszeit: von ___ bis ___

- Frühschicht ☐
- Spätschicht ☐
- Teilschicht ☐
- Nachtschicht ☐
- Urlaub ☐
- Krank ☐

Stunden ☐
Überstunden ☐

Donnerstag: Arbeitszeit: von ___ bis ___

- Frühschicht ☐
- Spätschicht ☐
- Teilschicht ☐
- Nachtschicht ☐
- Urlaub ☐
- Krank ☐

Stunden ☐
Überstunden ☐

Freitag: Arbeitszeit: von ___ bis ___

- Frühschicht ☐
- Spätschicht ☐
- Teilschicht ☐
- Nachtschicht ☐
- Urlaub ☐
- Krank ☐

Stunden ☐
Überstunden ☐

Samstag: Arbeitszeit: von ___ bis ___

- Frühschicht ☐
- Spätschicht ☐
- Teilschicht ☐
- Nachtschicht ☐
- Urlaub ☐
- Krank ☐

Stunden ☐
Überstunden ☐

Sonntag: Arbeitszeit: von ___ bis ___

- Frühschicht ☐
- Spätschicht ☐
- Teilschicht ☐
- Nachtschicht ☐
- Urlaub ☐
- Krank ☐

Stunden ☐
Überstunden ☐

Gesamtstunden ☐

Meine Woche

Montag: Arbeitszeit: von ___ bis ___

- Frühschicht ☐
- Spätschicht ☐
- Teilschicht ☐
- Nachtschicht ☐
- Urlaub ☐
- Krank ☐

Stunden ☐
Überstunden ☐

Dienstag: Arbeitszeit: von ___ bis ___

- Frühschicht ☐
- Spätschicht ☐
- Teilschicht ☐
- Nachtschicht ☐
- Urlaub ☐
- Krank ☐

Stunden ☐
Überstunden ☐

Mittwoch: Arbeitszeit: von ___ bis ___

- Frühschicht ☐
- Spätschicht ☐
- Teilschicht ☐
- Nachtschicht ☐
- Urlaub ☐
- Krank ☐

Stunden ☐
Überstunden ☐

Donnerstag: Arbeitszeit: von ___ bis ___

- Frühschicht ☐
- Spätschicht ☐
- Teilschicht ☐
- Nachtschicht ☐
- Urlaub ☐
- Krank ☐

Stunden ☐
Überstunden ☐

Freitag:	Arbeitszeit: von	bis
Frühschicht	Spätschicht	Stunden
Teilschicht	Nachtschicht	Überstunden
Urlaub	Krank	

Samstag:	Arbeitszeit: von	bis
Frühschicht	Spätschicht	Stunden
Teilschicht	Nachtschicht	Überstunden
Urlaub	Krank	

Sonntag:	Arbeitszeit: von	bis
Frühschicht	Spätschicht	Stunden
Teilschicht	Nachtschicht	Überstunden
Urlaub	Krank	

Gesamtstunden

Meine Woche

Montag: Arbeitszeit: von   bis

- Frühschicht ☐
- Spätschicht ☐
- Teilschicht ☐
- Nachtschicht ☐
- Urlaub ☐
- Krank ☐

Stunden ☐
Überstunden ☐

Dienstag: Arbeitszeit: von   bis

- Frühschicht ☐
- Spätschicht ☐
- Teilschicht ☐
- Nachtschicht ☐
- Urlaub ☐
- Krank ☐

Stunden ☐
Überstunden ☐

Mittwoch: Arbeitszeit: von   bis

- Frühschicht ☐
- Spätschicht ☐
- Teilschicht ☐
- Nachtschicht ☐
- Urlaub ☐
- Krank ☐

Stunden ☐
Überstunden ☐

Donnerstag: Arbeitszeit: von   bis

- Frühschicht ☐
- Spätschicht ☐
- Teilschicht ☐
- Nachtschicht ☐
- Urlaub ☐
- Krank ☐

Stunden ☐
Überstunden ☐

Freitag:	Arbeitszeit: von	bis
Frühschicht ☐ Spätschicht ☐		Stunden ☐
Teilschicht ☐ Nachtschicht ☐		Überstunden ☐
Urlaub ☐ Krank ☐		

Samstag:	Arbeitszeit: von	bis
Frühschicht ☐ Spätschicht ☐		Stunden ☐
Teilschicht ☐ Nachtschicht ☐		Überstunden ☐
Urlaub ☐ Krank ☐		

Sonntag:	Arbeitszeit: von	bis
Frühschicht ☐ Spätschicht ☐		Stunden ☐
Teilschicht ☐ Nachtschicht ☐		Überstunden ☐
Urlaub ☐ Krank ☐		

Gesamtstunden ☐

Impressum: Ann-Christin Reichelt, Grabenstr. 46, 38899 Hasselfelde

Monatsüberblick

Gesamtstunden	
Überstunden	
Arbeitstage gesamt	
Freie Tage	
Krank Tage	
Urlaubstage	

www.ingramcontent.com/pod-product-compliance
Lightning Source LLC
Chambersburg PA
CBHW032123250526
R18348000001B/R183480PG45466CBX00043B/5